Irgendwas mit Wuppertal

Dieses Buch ist allen Menschen gewidmet, die Wuppertal mögen …

… und allen Wuppermuffeln.

Torsten Buchheit
Anke Höhl-Kayser
Annette Hillringhaus

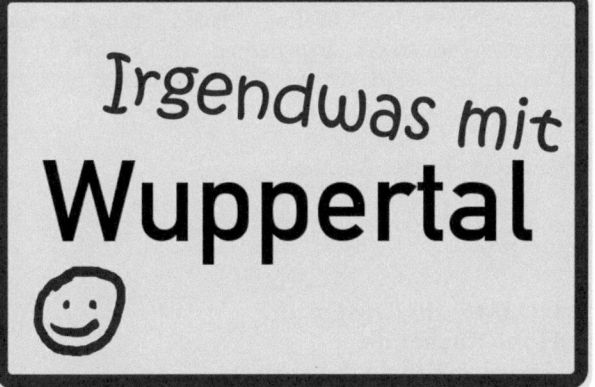

Bibliografische Information der Deutschen Nationalbibliothek
Die Deutsche Nationalbibliothek verzeichnet diese Publikation in der Deutschen Nationalbibliografie; detaillierte bibliografische Daten sind im Internet über http://dnb.d-nb.de abrufbar.

Layout und Satz: Torsten Buchheit

Coverdesign: Lisa Ehrensberger, Torsten Buchheit

www.NIMMSmitHUMOR.de
www.Höhl-Kayser.de
www.Annette-Hillringhaus.com

1. Auflage

Herstellung und Verlag: Books on Demand GmbH, Norderstedt
ISBN 978-3-8482-5983-0

Inhaltsverzeichnis

Gebrauchsanweisung ♛♛♙♙♙ [1]

1. Wenn Sie dieses Buch in einer Buchhandlung aufgeschlagen haben und diesen Satz lesen: Bitte gehen Sie sofort zur Kasse und bezahlen Sie das Buch.

2. Wenn Sie dieses Buch schon bezahlt haben, gehen Sie in die Buchhandlung und kaufen noch eines. Sie werden schon jemanden kennen, dem Sie es schenken können.

3. Wenn Sie dieses Buch lesen und es gehört jemand anderem, schämen Sie sich und kaufen Sie sich sofort ein eigenes Exemplar.

4. Lesen Sie dieses Buch Seite für Seite, Wort für Wort. Blättern Sie es sorgfältig um, damit Sie keine Seite verpassen. Nur so stellt sich der erhoffte Lesegenuss ein.

5. Die Seitenzahlen sind unten auf den Seiten.

6. Wenn Sie dieses Buch schon mal durchgelesen haben und es jetzt ein weiteres Mal lesen wollen, kaufen Sie sich das Buch besser noch einmal. Nur so ist gewährleistet, dass Sie stets ein druckfrisches Exemplar bei der Hand haben. Das einzigartige Frischesystem der On-Demand-Produktion sorgt dafür, dass Sie als Endverbraucher immer maximal frische Druckwaren genießen können.

7. Die Seitenzahlen sind unten auf den Seiten. Immer noch.

8. Bitte lesen Sie dieses Buch nicht auf der Toilette. Wir drei Autorinnen und Autoren haben uns die größtmögliche Mühe gegeben, Ihnen ein kulturell hochwertiges Qualitätsprodukt zur Verfügung zu stellen. Ein solch profaner Leseort kommt unserer bildungsunterstützenden Intention nicht entgegen.

9. Falls doch: WARNUNG! Die Druckerschwärze färbt am Hintern ab!!!

10. Andererseits: Machen Sie doch! Je mehr Seiten Sie rausreißen, umso eher müssen Sie sich ein neues Exemplar kaufen. Damit steigt unser Autorenhonorar ...

---

[1] Zu Ihrer Information sind die Kapitel bezüglich des Humorgehaltes gekennzeichnet. Je mehr Kronen, desto ernsthafter ist ein Beitrag. Je mehr Narrenkappen, desto mehr Humor enthält er.

Die Autoren

Auch die drei Wuppertiere genannt. »Eimer für alle, alles im Eimer!«

Anke Höhl-Kayser

... wurde 1962 in Wuppertal geboren, ist seitdem nur selten und dann höchstens kurzfristig woanders gewesen und kann sich auch nicht vorstellen, längerfristig in anderen Orten zu leben, da sie beim Gehen ganz automatisch in den auf Ortsfremde bizarr wirkenden sogenannten »schwingenden Schwebebahnrhythmus« verfällt. Außerdem bekommt sie in emissionsfreien, sauerstoffreichen Landstrichen jenseits der Wuppertaler Talsohle keine Luft und hat Schwierigkeiten, sich in Gegenden ohne Berge fortzubewegen, da sie ausschließlich »bergab« und »bergauf« gehen kann. Des weiteren hat sie Verständigungsprobleme, wenn sie nicht mit »Hömma ej« und »woll« angesprochen wird.

Annette Hillringhaus

... wurde 1968 in Wuppertal geboren und lebt seit 1988 woanders. Seitdem ist sie verrückt nach allem, was mit Wuppertal zu tun hat. Ihr umfangreiches Wissen über Wuppertal teilt sie jederzeit bereitwillig mit allen Nicht-Wuppertalern, insbesondere mit denen, die sich nicht für Wuppertal interessieren (die kriegt sie auch noch klein). Bislang hat sie weit über zwei Leute dazu bekehren können, Wuppertal einen Besuch abzustatten.

Torsten Buchheit

... wurde 1964 geboren, allerdings nicht in Wuppertal. Er war noch nie im Ruhrgebiet. Hihi. Die Begegnung mit Wuppertalern hat ihn fasziniert, und seither hat ihn das Wuppertal-Virus nicht mehr losgelassen. Was ihn auch auf die Idee mit diesem Buch brachte. Ansonsten schreibt er. Zum Beispiel Strafarbeiten, Einkaufszettel, aber auch Bücher. Und er versucht sich vergebens an der Wuppertaler Aussprache.

Wuppertaler Wetter

Es gibt eine gute Nachricht: Das Wuppertaler Wetter ist gar nicht so schlecht wie sein Ruf! Leider gibt es auch noch eine weniger gute Nachricht: Es ist noch schlechter.

Das Problem fängt ganz woanders an. Auf dem Atlantik. Der Atlantik ist – wer in der Schule in Erdkunde fleißig aufgepasst hat, weiß das – ja nun ziemlich feucht. Wenn da die Sonne draufscheint, verdunstet eine Menge Wasser. Das alleine ist noch nicht schlimm.

Jetzt haben wir in Europa (und Deutschland liegt sogar in Europa) sehr häufig eine Westwind-Wetterlage. Die treibt die feuchte Luft vom Atlantik über Deutschland. Nach Osten.

Nach Osten? Moment mal. Wenn das eine Westwind-Wetterlage ist, wieso zieht sie dann nach Osten? Müsste sie nicht eigentlich nach Westen ziehen? Das ist alles doch recht kompliziert. Also merken Sie sich besser: Sie zieht von links nach rechts. Nä, das andere rechts, Blötschkopp.

Also auf jeden Fall zieht die feuchte Luft von links nach rechts, auch über Wuppertal drüber. Das wäre jetzt auch nicht so schlimm, würde Wuppertal nicht ausgerechnet im Bergischen Land liegen wollen.

Deutschland links vom Bergischen Land ist – kontinental betrachtet – so ziemlich flach. Aber dann kommt ausgerechnet das Bergische Land, das ist ziemlich hoch. Wenn die feuchte Luft jetzt von links nach rechts zieht, dann muss sie ja irgendwie aufs Bergische Land rauf. Also ist sie gezwungen, aufzusteigen.

Wenn die feuchte Luft aufsteigt, bilden sich Wolken[2]. Aha. Merken Sie was?

Wenn die Wolken weiter aufsteigen, dann fängt es an zu regnen. Und wo regnet es? Na? Bingo! Genau über Wuppertal. Wuppertal liegt genau in der Wolkenhauptaufstiegsschneise[3]. Also da, wo die Wolken ihren A... – pardon: Allerwertesten hochwuchten. Und das ist da, wo der meiste Regen runterkommt.

---

[2] Aber nicht die Art Wolken, die entsteht, wenn Sie zu viele Zwiebelringe auf Ihre Kottenbutter gelegt haben.

[3] Eine Komposition aus fünf lexikalischen Morphemen, der Klasse der unnötigen Neologismen zuzuordnen.

Dadurch kommt Wuppertal auf eine jährliche Niederschlagsmenge von 1116 mm[4]. Ein einsamer Rekord unter den deutschen Städten, um den Wuppertal wahrlich keiner beneidet. Würde das Regenwasser nicht abfließen, dann wäre Wuppertal nach einem Jahr einen Meter, elf Zentimeter und 6 mm hoch überschwemmt.

Zum Vergleich: Magdeburg liegt auch in Deutschland, hat aber eine jährliche Niederschlagsmenge von gerade einmal 500 mm. Das ist deutlich weniger als die Hälfte des Wuppertaler Niederschlags. Oh du glückliches Magdeburg[5]!

Die hohe Niederschlagsmenge hat natürlich Folgen: Die Talsohle der Wupper ist sumpfig, an den Talhängen der Wupper wächst Regenwald. Im gesamten Stadtgebiet gedeihen Moos und Algen. Und die Tierwelt passt sich an:

---

[4] Daran hat auch das 1991 gegründete Wuppertal Institut für Klima, Umwelt, Energie bisher nichts ändern können.

[5] Wo die Regenschirmverkäufer verhungern und die Kakteen im Stadtpark verdorren.

Vorwiegend Amphibien. Also Frösche, Kröten, Lurche und ähnliches Viechzeug, das sich von den vielen Regenwürmern ernährt.

Wenden wir unsere Blicke mal ins Ruhrgebiet: Duisburg hat 710 mm Niederschlag im Jahr. Ätsch. Sozusagen: Prima Klima. Aber Wuppertal will ja nicht im Ruhrgebiet liegen. Selbst schuld!

Wuppertaler Mundart – Die Entstehung der Wuppertaler Dialekte

Bis 1929 eigene Städte, hatten Barmen und Elberfeld, aber auch Cronenberg und Ronsdorf ihre eigenen Dialekte. Das zeigt, wie gern sich die heutigen Stadtteile schon damals voneinander abgrenzen wollten. Noch heute wird man von einem älteren Elberfelder angespuckt, wenn man sich als in Barmen geboren outet. Barmen! Wer wohnt schon in Barmen! Oder in Elberfeld! Wer, zum Kuckuck, wohnt in Elberfeld? Jetzt mal ehrlich.

Und Wuppertal? Wuppertal gibt es ebensowenig wie Bielefeld[6]. Es gibt Cronenberg, Vohwinkel, Ronsdorf und – wir knien nieder – Elberfeld und Barmen, nein, es muss natürlich Barmen und Elberfeld heißen – hab ich noch was vergessen? Genau: Ich habe noch vergessen zu erwähnen, dass der geneigte Leser sich im Folgenden auf manche linguistische Ungereimtheit gefasst machen möge.

Im 19. Jahrhundert kamen viele Menschen ins Tal, die sich durch die Industrielle Revolution Arbeit versprachen. Dadurch erweiterten sich die hiesigen Dialekte. Stadtteilbezogene Sprechweisen bildeten sich aus. Man unterscheidet daher tatsächlich Barmer Platt, Elberfelder Platt, Ronsdorfer Platt und Cronenberger Platt.

Platt war irgendwann mal nicht mehr in. Nicht einmal mehr zur Zeit meiner Großmutter, Jahrgang 1902. Platt galt als Arbeitersprache, und schließlich war man wer, und wer wer war, sprach keinesfalls Platt.
Der Schwiegervater meiner Großmutter, ein reicher Barmer Fabrikbesitzer und sehr geerdeter Mensch, setzte sich gern und provokativ

---

[6] siehe die bekannte Bielefeld-Verschwörung.

über diesen Dünkel hinweg, indem er unverwandt die Sprache seiner Arbeiter benutzte. Das sicherte ihm die Herzen seiner Untergebenen.

Aber nicht das seiner Schwiegertochter. Meine Großmutter, dazu erzogen, Hochdeutsch zu sprechen, war ob dieser Formverletzung noch fünfzig Jahre später zutiefst empört. Trotzdem konnte auch sie nicht verhehlen, mit Platt großgeworden zu sein.

Erstmal hatte sie keine Ahnung, was der Schwiegervater meinte, als er sich bei einem Besuch seufzend mit folgenden Worten auf dem Stuhl niederließ:»Eck heff so Pien!«. Meine Großmutter, gebürtige Elberfelderin, zog schließlich ihre eigenen Kenntnisse im Platt heran und es gelang ihr zu übersetzen:»Ich habe solche Schmerzen!«, wenn auch mit Mühe, denn auf Elberfelder Platt heißt Schmerz *Ping*.

An einem weiteren, sehr passenden Beispiel zeigt sich der Unterschied dreier Dialekte: Das hochdeutsche Wort *Buch*. Wenn wir einem alt-eingesessenen Elberfelder dieses Machwerk verkaufen wollten, müssten wir von *bok* sprechen. Einem Cronenberger müssten wir unser neues *bu-ek* anpreisen und einem Barmer das *book* (gesprochen übrigens mit langem o, nicht wie das englische »book«).

Inzwischen sind diese ursprünglichen Dialekte aus dem täglichen Sprachbild praktisch völlig verschwunden. Es gibt aber tatsächlich noch einige Menschen, die die Mundart pflegen und sie in Zeitungs-artikeln oder Vereinigungen, sogar in Internetforen am Leben erhalten. Eine althergebrachte und bewährt funktionierende Sache einfach aufzugeben, das ist nun mal nicht Wuppertaler Art. Die Mehrheit der jugendlichen Wuppertaler Bürger allerdings spricht kein Platt mehr, sondern hat sich in der Aussprache mehr und mehr dem allgemeinen Ruhrgebietssoziolekt angenähert. Trotzdem finden sich in der Alltags-sprache noch vereinzelt klassische Begriffe. Dat glöwen Se nit? Glauben Sie es ruhig. Es ist so.

1. Ankunft des Suchenden

Es gibt ein Geheimnis jenseits des Ruhrgebiets, von dem nur wenige Menschen wissen. Besonders jene Menschen, die be-haupten, das Bergische Land gehöre zum Ruhrgebiet, sind diejenigen, die die Wahrheit niemals erfahren werden.

Denn das Geheimnis verbirgt sich im Herzen dieses Bergischen Landes, und nur wer mit offenen Augen reist, kann es sehen.

Fragen Sie sich: Habe ich es nicht auch schon mal erlebt?

Ob man aus Bochum, Essen, Köln oder aus Düsseldorf in Richtung Wuppertal fährt – es ist immer das Gleiche. Spätestens an der Raststätte Sternenberg auf der A46 ändert sich schlagartig das Wetter. Wie sonnig es auch immer zuvor gewesen sein mag, nun beginnt es zu regnen, und plötzlich zieht Nebel auf. Erst ganz unmerklich. Zarte Wolken schieben sich vor die Sonne und beginnen sie einzutrüben. Dann folgen die ersten Nebelschleier, die sich sacht aus den umgebenden Wiesen und Feldern erheben. Sie hüllen die Autobahn und die darauf Fahrenden ein. Immer mehr und mehr, bis die Reisenden schließlich die Nebelscheinwerfer anschalten und zu fluchen beginnen, weil es am helllichten Tag so dunkel ist wie um Mitternacht.

Wie gesagt: Das Geheimnis enthüllt sich nicht jedem ...

Die Grenze verbirgt die Wahrheit vor den Unwissenden. Die Wuppertaler warten auf den Einen, den Suchenden ...

Die gewöhnlichen Autofahrer reiben sich die Augen, treten je nach Mentalität aufs Gas oder fahren angepasst und hoffen inständig, dass sie bald aus dieser Suppe wieder herauskommen.

»Klar«, sagen sie, »ist ja mal wieder ein Wetter um Wuppertal. Ruhrgebiet, war ja klar. Wie immer! Wie die Wuppertaler das bloß aushalten!«

So reagieren sie – die Normalsterblichen, die unbedarft Geborenen. Sie fluchen, sie fahren vorbei, und niemals wird einer von ihnen sehen, was sich hinter dem Nebel verbirgt.

Doch es ist prophezeit: Einmal in jedem Jahrtausend wird einer kommen, der Augen für die Schönheit der Nebelschleier und ihre sachte Verhüllung hat. Dieser Eine wird nicht fluchen, im Gegenteil, er wird in den Nebel schauen, der auf einmal zu leuchten beginnt, golden, immer heller wird, bis er geblendet die Augen schließen muss und sich entscheidet, von der Autobahn abzufahren.

Das Abenteuer beginnt.

Der Mann heißt Parsi Wahl, weil seine Mutter eine Vorliebe für ausgefallene Vornamen hatte, und sein Vater, der die Familie schon vor Parsis Geburt verlassen hat, seines Zeichens Maler, Bildhauer und Schriftsteller, den Künstlernamen *Keine Wahl* trug (bis heute ist nicht ersichtlich, ob er das auf seine Lebensumstände bezog oder ob es ein politisches Statement sein sollte).

Parsi fährt einen Kleinwagen, der eher die Bezeichnung *klein* als die Bezeichnung *Wagen* verdient und in den er sich mit seinen 1,90 m hineinfalten muss, kann sich aber leider kein größeres Auto leisten. Weil seine Mutter – ein gebranntes Kind nach der Sache mit dem künstlerisch tätigen Lebenspartner – ihn dazu drängte, einen »anständigen Beruf« zu ergreifen, ist er nicht Schriftsteller, sondern Versicherungsvertreter geworden. Sein Gehalt ist eher mäßig als gehaltvoll.

Seinen Lebenstraum hat er nie ganz vergessen. Denn er hat die Seele eines wahren Poeten. Und diese Seele ist es jetzt, die sich hoch hinauf schwingt beim Anblick des sich lichtenden Nebels, und ihn mitten hinein in das Geheimnis leitet.

Es geschieht, was bestimmt ist. Parsi gelangt ins Herz Wuppertals.

Er ist von der Autobahn abgefahren, aber nicht, um schimpfend auf besseres Wetter zu warten. Er sieht zarte, sonderbare Gestalten inmitten des Nebels und hört feinen Gesang. Er will mehr von den Wundern erfahren, die sich ihm hier zu offenbaren scheinen.

Die Straße endet inmitten von blühenden Feldern und Wiesen, samtig bewaldeten Hügeln und einem im Sonnenlicht wie Diamanten funkelnden Fluss. Parsi hält an und steigt aus. Er schaut sich um.

Alle Straßen sind verschwunden. Parsi reißt die Augen auf: Hat er am Ende das geheimnisvolle Tal erreicht, um das sich uralte Legenden ranken?

Auf der anderen Seite des glitzernden Flusses verbirgt sich etwas hinter Bäumen und dichten Nebelschleiern. Es könnte ein Gebäude sein, aber es ist kaum zu erkennen.

Parsis Herz schlägt bis zum Hals. Das hier – das ist doch was! Endlich erlebt er mal eine richtig irre Geschichte. Darüber könnte er schreiben! Das wäre mal etwas anderes als seine Gedichte, bei denen seine Mutter anfängt, mit dem Stieltopf nach ihm zu schlagen. Vielleicht wird er doch noch ein bekannter Schriftsteller!

Und wenn er das hier nur träumt? Wenn er heute morgen gar nicht aufgestanden ist, sondern noch im Bett liegt und schläft?

Ich will einen Beweis, denkt Parsi, einen Beweis dafür, dass das hier wirklich passiert!

Die Vögel singen tausendfach verzauberte Melodien in den Zweigen des nahen Waldes. Herbst liegt schon in der Luft, und der Wind trägt den Duft einer Vorahnung: Etwas wird geschehen. Parsi möchte unbedingt auf die andere Seite des Flusses, aber so schön dieser auch im Sonnenlicht funkelt, er wirkt tief und bedrohlich. Eine unheimliche Strömung reißt Äste und Geröll mit sich. In so wildem Wasser schwimmt man nicht, das ist Parsi klar. Dieser Fluss will ernst genommen werden.

Parsi hört ein Wispern um sich herum: »Die Barke. Du musst die Barke rufen!«

Total abgefahren, denkt Parsi atemlos. Das Gras flüstert mir was zu. Wahrscheinlich ist es das Gras, das wir in Jugendzeiten geraucht haben. Kein Wunder, dass das hier an diesem Ort wächst. Meine Mutter sagt immer, man soll kein Gras rauchen, am Ende rächt sich das. Aber ich probier's mal mit dem Rufen!

Er baut sich breitbeinig am Flussufer auf und ruft: »Barke!«

Und gleich nochmal: »Barke!«

Nichts geschieht. Parsi sieht sich um. Alles still. Nur ihm gegenüber in einem Apfelbaum sitzt eine schwarzgefiederte Amsel, die ihn mit ihren glänzenden Knopfaugen aufmerksam mustert.

Bruch

In den frühen Morgenstunden des 1. November 1451 flog die Barmer Hexe Thusnelda Haxenbrech von einer Vohwinkler Halloweenparty nach Hause. Man war gesellig gewesen und hatte sich prächtig amüsiert, dazu auch zwei oder drei Gläser Hexenpunsch getrunken (in der Stunde).

Es kam, wie es kommen musste: Nach wenigen hundert Metern krachte sie mit Karacho in einen Stützpfeiler einer nahegelegenen Schwebebahnstation. Die hinzugezogene Polizei stellte eine Atemalkoholkonzentration von 2,31 Promille fest, was zum sofortigen Flugscheinentzug und einer dreimonatigen Besensperre führte (nebst drei Punkten in Flensburg). Dadurch schlagartig ernüchtert, verfluchte Frau Haxenbrech den Stützpfeiler, seine Kinder und seine Kindeskinder auf das Heftigste.

Bereits am darauffolgenden Morgen stieß eine vierspännige Pferdekutsche in vollem Galopp gegen den Stützpfeiler, wobei sie den Kutscher verlor. Das rechte Vorderrad ging dabei zu Bruch.

Seither ereignen sich an dieser Stelle gehäuft Unfälle: Fußgänger laufen gegen den Pfeiler und brechen sich die Knochen, Autos fahren frontal hinein, Radfahrer stürzen, Hunde verwickeln sich in ihrer Hundeleine, Tauben stoßen sich im Flug die Flügelspitzen, wenn sie nicht auf dem Pfeiler sitzen und oberhalb der nichtsahnenden Fußgänger Unaussprechliches verrichten. Selbst eine Segelyacht auf einem Bootsanhänger erlitt an dieser Stelle schon Schiffbruch. Oft hebt sich hier der Boden und die Pflastersteine brechen auf, wie obiges Foto[7] unter Beweis stellt. Selbst der Asphalt der angrenzenden Straße bekommt häufig Risse und muss geflickt werden, nicht zuletzt wegen der häufigen Rohrbrüche.

Ein über die Jahrhunderte regelmäßig erfolgter Austausch des Stützpfeilers hat den Fluch bisher nicht brechen können. 1921 wurde der Stützpfeiler in einer komplett antithaumaturgischen Legierung ausgeführt, was nachfolgend die Unfallrate um 12,7% senkte, wie die Wuppertaler Stadtwerke stolz registrierten[8].

Der Stützpfeiler wurde bereits Anfang 1911 mit einer massiven Betonsperre vor Autos geschützt, weil sich damals 79% aller Wuppertaler Autounfälle an eben diesem Pfeiler ereigneten. Zur Warnung für alle Verkehrsteilnehmer wurde der Betonschutz mit der Aufschrift »Bruch« versehen[9].

---

[7] Das auf umseitigem Foto abgebildete, dort leichtsinnigerweise abgestellte silberfarbige Auto wurde gerade einmal zwei Minuten, nachdem sich unser Fotograf von der Aufnahmestelle entfernt hatte, von einem herabfallenden Klavier der Marke Anton Matschinger, Budapest, zertrümmert, das sich aus der Frachtluke eines darüberfliegenden Frachtflugzeugs des Typs Boeing 747-8F gezwängt hatte.

[8] Abteilung Schwebebahnunfallregistratur, Sektion Pfeiler, Abteilung *DER* Pfeiler, 3. Stock links, Büro 08/15, Schrankfach 4711 (»Bruchrechnung«).

[9] Leuchtweiß auf Signalfarbe Ultramarinblau RAL 5002 gemäß DIN 4844, jetzt neu seit Oktober 2012 nach DIN EN ISO 7010.

Gestern in Wuppertal

Beobachtet auf der Talsohle – B7. Eine quadratische Oma, schätzungsweise 1,50 m x 1,50 m, Frisur Bob, aber das, was auf der Eisbahn fährt, in der Farbe Rot metallic. Sie schiebt einen Buggy vor sich her. Dazugehöriges Kind, Mädchen, pummelig, 2 bis 3 Jahre alt, topgestylt mit Ohrhängern, Bikinitop und Jeansshorts, lässt seinen Lolli in den Rinnstein fallen.

Kurze Schrecksekunde.

Kind bückt sich, hebt Lolli wieder auf und will weiterlutschen.

Oma bekommt kugelrunde Augen und beginnt im typischen Wuppertaler Tonfall mit der typischen Wuppertaler Stimme dicker Omas (rostiges Reibeisen, durch Frühstücksweizen geglättet) zu kreischen: »Schangtall! Du kannz dat Lolli nit meɔ[10] essœn[11]! Dat hat nebœn deɔ Hundekackœ gelegœn! Schangtall! Tu dat Lolli wechschmäjßœn! Schangtall!«

Schangtall macht kugelrunde Augen wie die Oma (Familienähnlichkeit ist unübersehbar, auch zu der entfernteren Verwandtschaft der Wiederkäuer), schaut die Oma abschätzend an, trifft eine Entscheidung, schiebt den Lolli in den Mund und sagt:

»Nä.«

---

[10] Bevor Sie versuchen, das Buch wegen eines vermeintlichen Druckfehlers umzutauschen, sollten Sie zuerst einmal auf Seite 27 nachlesen. Sicherheitshalber. Kleiner Tipp von uns.
[11] Dito.

Wuppertaler sind keine Luser[12]

Hilfe zur Selbsthilfe

Stichwort Wuppertal

»Wupppppppadtaaaaaalllllllllll...«

Als müsse er sich übergeben, um einen verschluckten Tischtennisball wieder auszuspeien, gibt der Mann die erste Silbe des Wortes von sich. Dann wird die Luft der geblähten Wangen schlagartig ausgestoßen. Wie ein Schluckauf folgt die zweite Silbe, schließlich endet das Wort in den Tiefen eines weit aufgerissenen Mundes, in dem das freigelegte Rachenzäpfchen langsam von der davor rollenden Zunge verdeckt wird. Stille. Der Mann hat jedoch weiterhin die Augenbrauen spöttisch hochgezogen und ein leicht überhebliches Glitzern in den Augen.

Um welches Phänomen handelt es sich hierbei?

Ausgangspunkt: Ein Wuppertaler[13] hatte Sekunden zuvor gesagt, wo er herkommt.

Die Reaktion des andersstammenden Gegenübers verläuft in den meisten Fällen gleich: In einer Art Pseudo-Kölsch versucht er oder sie so authentisch wie möglich nach einem Wuppertaler zu klingen, der den Namen seines Geburtsorts ausspricht. Blöd nur, dass das andersstammende Gegenüber dabei fast seine Zunge verschluckt. Und erst recht blöd, dass Wuppertaler selbst nicht

---

[12]   ndt.: Loser

[13]   Aus Platzgründen steht die Bezeichnung »Wuppertaler« hier als Sammelbegriff stellvertretend sowohl für Wuppertaler als auch Wuppertalerinnen.

so sprechen – es sei denn, sie versuchen den Sprecher nachzuahmen, wobei sie ebenso Gefahr laufen, ihre Zunge zu verschlucken. Nach Angaben des Deutschen Bundesamtes für krankhafte Statistik wurden allein in den Jahren 1996 bis 2001 und 2003 bis 2010 rund 5.372.596 Nicht-Wuppertaler wegen beinahe verschluckter Zunge stationär behandelt.[14]

Gibt es noch andere Reaktionen?

Nicht nur die eingangs beschriebene Reaktion von Nicht-Wuppertalern auf das Stichwort Wuppertal ist zu beobachten, sondern zusätzlich viele weitere Regungen, welche allerdings nicht in derselben Häufigkeit vorkommen, wie oben erläutert. Im Folgenden einige Beispiele[15]:

a) »Da ist doch diese Schwebebahn, die immer verunglückt.«
b) »Bah, aus dem Ruhrpott!«
c) »Kennich! Tuffi – das ist doch dieser Elefant aus eurem Zoo, der mal abgehauen ist, oder?«
d) »*Mein Name ist Erwin Lottemann ... äh Lindemann, und ich eröffne im Herbst eine Herrenbutike mit dem Papst in Wuppertal.* Hahaha!!!«
e) mitleidiges Lachen
f) »Ich war schon mal in Wuppertal! [Pause] So mit dem Zug durchgefahren.«
g) »Haha! Dann bist du ja mal über die Wupper gegangen.«
h) »Da würde mich aber nichts halten!«
i) »Sie sehen auch schon so aus wie eine Schwebebahn.«
j) »Eine Kollegin von dem Schwager meines Bruders kommt da auch her. [Pause] Die ist *eigentlich* ganz nett.«

---

[14] Die Daten von 2002 konnten wegen eines längeren Aufenthaltes in der HNO-Uni-Klinik Erlangen vom zuständigen Sachbearbeiter nicht erhoben werden.
[15] Kein Anspruch auf Vollständigkeit, keine Rangordnung.

Wie gehen Betroffene damit um?

Wuppertaler müssen schon früh in ihrem Leben mit derartigen Situationen fertig werden. Daher ist es nötig, dass sie neben ihrem Regenschirm bereits zur Geburt ein spezielles Gen nutzen, das ihnen anzeigt, was hier zu tun ist: Wuppertaler leisten umgehend Erste Hilfe.

So lassen sie nach dem missglückten Sprachversuch geduldig das ganze Missionierungsprogramm auswärtiger Wuppertaler auf das andersstammende Gegenüber niederrieseln. Um dem zu Missionierenden die Möglichkeit zu geben, die wichtigen Informationen im Langzeitgedächtnis zu speichern, wenden Wuppertaler ihr Repertoire in leicht verständlicher Dosierung an, was zusammengerechnet zwischen drei Sekunden und etwa 94,7 Jahren dauern kann. Je nach Bedarf.

So können Sie helfen – Wege zur Bewältigung

Zum Missionieren benötigen Sie als Wuppertaler kein Werkzeug oder andere Hilfsmittel, sondern lediglich Nicht-Wuppertaler. Auch sind Ort und Tageszeit unwichtig, so dass Sie stets zum Einsatz kommen können, wann und wo immer es die Situation erfordert.

1. Um zunächst die Haltung des zu Missionierenden zu prüfen, ihn auf das Kommende vorzubereiten und dabei gleichzeitig einen Teil der genannten Reaktionen im Vorfeld auszuschließen, sollten Sie sich bereits beim Vorstellen als Wuppertaler zu erkennen geben. In der Praxis bedeutet das, dass Sie nicht »… undich kommous Wuppertal …« bei der Begrüßung hinzufügen, sondern sich gewählter ausdrücken, nämlich mit »Ich bin Wuppertaler/in.«

2. Sollten daraufhin dennoch die oben genannten Reaktionen auftreten, können Sie als geübter Wuppertaler schon einmal grob einschätzen, wie lange die Missionierung dauern sollte.

3. Wichtig ist, dass Sie auf jede seltsame Äußerung Ihres andersstammenden Gegenübers gelassen reagieren. Ärgern Sie sich nicht, im Gegenteil, denken Sie daran: Er oder sie kann nicht anders! Hier ist nun der Punkt, an dem Sie mit Ihrer Missionierungstätigkeit ansetzen sollten. Ein aufmunterndes Lächeln von Ihnen lockert die Situation auf.

4. Je nach Äußerung Ihres andersstammenden Gegenübers können Sie nun Ihre Trümpfe ausspielen. Ob nun Technik, Geschichte, Sozialwesen, Geographie, Volkskunde oder Literatur, Sie wissen Bescheid![16] Allein dieses Wissen hilft Ihnen, souverän mit der Situation umzugehen und das passende Lächeln hervorzuzaubern.

5. Fangen Sie nicht mit klugen Belehrungen an, denn unter Druck weitergegebene Informationen werden in der Regel nur im Kurzzeitgedächtnis gespeichert.

6. Wichtig ist jedoch immer, ohne aufdringlich zu erscheinen, hin und wieder die Worte Wuppertal, Wupper und Schwebebahn ins Gespräch einfließen zu lassen, so dass Ihr andersstammendes Gegenüber sich daran gewöhnt und sie in seinen natürlichen Alltag integriert. Im Laufe der Zeit können Sie die Zahl der zu merkenden Worte langsam steigern.

---

[16] Siehe hierzu die Erläuterungen auf S. 67.

Erfolgsbilanzen

Ihre Geduld wird sich auszahlen.

Stufe I: Der oder die zu Missionierende wird bereits nach kurzer Zeit nicht mehr seltsam auf bestimmte Stichworte im Zusammenhang mit Wuppertal reagieren.

Stufe II: Fortgeschrittene warten sehnlichst darauf, dass Sie ihm oder ihr etwas über Wuppertal erzählen. Sie erwägen auch, mal dorthin zu fahren.

Stufe III: Weiter Fortgeschrittene machen Sie darauf aufmerksam, wenn Sie schon länger kein Stichwort zum Thema Wuppertal mehr erwähnt haben oder das eine oder andere zu wenig verwenden.

Stufe IV: Abschlussmissionierten stehen nun viele Möglichkeiten offen: Ein Teil von ihnen fährt regelmäßig nach Wuppertal, so manch einer zieht sogar dorthin. Viele Andersstammende bleiben jedoch in ihrem Heimatort und helfen auswärtigen Wuppertalern beim Missionieren.

An der Schwebebahnkasse 🐑🐑🐑🐑🐑

»Chchch«

»Ej, wat willzœ!?«

»Chchch«

»Hömma, woll! Irst zahlße dat un dann kannßœ da ɔuch mit, wennze willz, hömma!«

»Chchchchuuuuuchchchchchuuuuuuuuuchchchchch«

»Wäjße wat? Dat is miɔ sowat von egal, opsœ de dunklœ Macht dabäj has, wäjße dat? Wennze käjn'n Faaschäjn haß, kannze nich mit, so äjmfach ißat, woll?«

»Chchch«

24

Berühmte Schwebebahnpassagiere: Paulchen P.

... drehte 1967 einen Kurzfilm in der Schwebebahn, in dem er sich mit einem namenlosen, schnurrbärtigen Männchen einen Wettstreit im Schwebebahnanmalen liefert. Das Männchen soll im Auftrag der Wuppertaler Stadtwerke den Schwebebahnwagen blau lackieren. Paulchen, hinterhältig grinsend und in die Kamera zwinkernd, überpinselt aber alle blauen Stellen mit rosaroter Farbe. Das Ganze endet damit, dass das Männchen wutentbrannt seinen blauen Farbeimer in die Wupper schmeißt und hinterher springt.

Der rosalackierte Wagen war bis 1979 bei der Schwebebahn im Einsatz und sollte später im Von-der-Heydt-Museum ausgestellt werden. Seit den 90er Jahren gilt er als verschollen.

Panhas

Man nehme für sechs Personen (oder für drei Verfressene)

- *300 Gramm Blutwurst*
- *300 Gramm Mett*
- *300 Gramm Hackfleisch*
- *600 Milliliter Wasser*
- *200 Gramm Buchweizenmehl*

und zum Würzen

- *1 ½ Teelöffel Salz*
- *schwarzen Pfeffer*
- *Gewürznelken*
- *Piment*
- *Muskat*

Die Blutwurst kleinschneiden und mit dem Mett und dem Hackfleisch ins kalte Wasser geben. Alles etwas klein stampfen und dann zehn Minuten unter Rühren kochen. Jetzt würzen. Nun das Buchweizenmehl einrühren. Das Spritzen der kochendheißen Wurstmasse gehört zur Tradition und ist daher klaglos hinzunehmen. Nur Schlaffis nehmen hier Handschuhe.

Anschließend füllt man die Masse in eine mit kaltem Wasser ausgespülte Auflaufform und stellt sie für zwei Tage kalt. Wer jetzt zwischendrin Hunger bekommt, muss halt was anderes essen.

Die erkaltete Masse wird in Scheiben geschnitten und von beiden Seiten in einer Pfanne angebraten. Dazu serviert man Brot und Butter.

Wuppertaler Mundart: Die heutige Aussprache 👑👑👑👑👑

Der gerundete halboffene Hinterzungenvokal und der gerundete halboffene Vorderzungenvokal. Verschleifen von Konsonanten. Verdopplung von Konsonanten.

Es gibt einige Besonderheiten in der Aussprache des gegenwärtigen Wuppertaler Dialekts. Zur Kenntnisnahme: Der Wuppertaler Aussprache mangelt es etwas – um es vorsichtig zu formulieren – an Schönheit und Eleganz, sie klingt – um es vorsichtig zu formulieren – eher guttural. Das würde ein Wuppertaler aber nie zugeben. Wieso guttural? Wat is denn getz bitteschön guttural? Dat sprich' man so, woll!

Sie sollten ihn deshalb besser nicht dazu befragen, vor allem auch wegen des doppelten t in *bitteschön* und *guttural*. Erklärung dafür weiter unten im Buch.

ɔ + œ = ?

Merkmale der (gutturalen) Aussprache sind der gerundete halboffene Hinterzungenvokal ɔ (gesprochen wie in Bob, offen, Tonne) und der gerundete halboffene Vorderzungenvokal œ (gesprochen wie in Hölle, röcheln).

Das Verschleifen von Konsonanten und die Kombination derselben mit den Vorder- oder Hinterzungenvokalen ist üblich. Hier tritt dann ganz oft der gerundete halboffene Vorderzungenvokal auf: »Guckst du« wird so zum Beispiel zu *kuckzœ*.

Oder auch »habe ich«: in der Wuppertaler Umgangssprache zeigt die Gemination (Konsonantenverdoppelung) die Verkürzung des vorhergehenden Vokals an. Beide Wörter werden mit Konsonantenverdopplung zusammengefasst und dann heißt es »happich«.

Bei den Konsonanten sparen die Wuppertaler andererseits gern. Mitten im Wort und am Wortende braucht man sie doch nicht, woll, wie das folgende Beispiel zeigt. Aus einmal wird *eima*, aus nochmal wird *nomma*. Geht doch viel schneller, und jeder versteht es trotzdem!

Dat happich innœ Wuppɔtalɔ Schwebœbahn abɔ nonnie geseeœn, vudorri nomma, da kuckßœ getz abɔ, wat?

2. Das Volk an der Wupper

»Bist du ein hübsches Vögelchen«, sagt Parsi bewundernd.
»Unndu, woll, du biss total blöd, äj «, antwortet der Vogel aus seinem leuchtend orangefarbenen Schnabel. »Wennzœ[17] de Barkœ äjmfach so rufœn könnz, dann tät ja jedɔ Blötschkopp na Wuppɔtal räjn.«
Parsi ist leicht verblüfft: zum einen angesichts der Unverfrorenheit des Vogels. Zum anderen bewundert er den selbst aus dem Vogelschnabel sehr wohlklingenden Dialekt, der hier

---

[17] Da hat wer den Artikel vornedran nicht gelesen, woll? Spickzettel: œ = wie ö in Hölle, ɔ = wie o in Bob.

anscheinend gesprochen wird, und das teilweise auch noch in phonetischer Lautschrift. Eine starke Leistung. Leider schwer verständlich.

Dann besinnt er sich und fragt: »Und was mache ich jetzt?«
»Da kannz getz ma en bissken drübbɔ na'denkœn«, antwortet die Amsel. »Vläjch wirssœ dann schlɔuɔ. Abɔ dat glöweck nich. Da siehßu nich na' ɔus, wennzœ mich frachs.«
Damit fliegt der schwarze Vogel davon.

Parsi räuspert sich, nachdem die Amsel verschwunden ist. Ungehobelte Vögel gibt es leider überall, denkt er, auch in einem so geheimnisvollen Tal.

Während er so vor sich hin denkt, wird er müde. Die Sonne steht schon hoch am Himmel, und er schwitzt in seinem Chemiefaser-Sakko eines namhaften Kaffeeherstellers. Er zieht es aus und hängt es sich um die Schultern. Dann lässt er sich im Gras nieder – und fährt mit einem Schrei wieder hoch. Da ist irgendwas furchtbar Stechendes unter seinem Hinterteil gewesen!

»Sachma, kannzœ dich nijen bissken woannɔs himflanz'n, Hirni?«, fragt eine Stimme unter ihm. »Du wiechs meɔ wieœn ganzœn Kläjmwagœn.«

Parsi schaut genau hin: Da, wo er sich niederlassen wollte, sitzt ein Igel. Er hat sich zu einer Kugel zusammengerollt, aber seine Nase und seine schwarzen Augen gucken heraus.

»Ich möchte den Fluss überqueren«, sagt Parsi zu dem Igel. Er findet es gar nicht seltsam, dass er mit Tieren spricht. Nur wie sie antworten, das ist nicht nach seinem Geschmack.

»Ach wat, sach nuɔ«, sagt der Igel ironisch. »Wennzœ getz noch wissœn täts, wie dä getz häjß', wonnich?«

»Keine Ahnung«, antwortet Parsi ehrlich.

Der Igel rollt mit den Augen. Das sieht sehr niedlich aus, ist aber anscheinend nicht niedlich gemeint, denn er fährt fort: »Mannometɔ, wat bissu dösich. So sinnsœ, de fremdœn Völkɔ. Da machßœ nix, da kuckßœ zu.«

Er kichert ein bisschen angesichts seines eigenen Witzes, den Parsi nicht wirklich versteht, dann fährt er nachdrücklich fort: »Dat, du Blötschkopp, dat issœ Wuppɔ. Hassœ ma übbɔleecht, warum dat Wuppɔtal häjßœn tut?«

Das ist ein schlagendes Argument. Parsi weiß nicht, was er darauf erwidern soll. Der Igel rollt sich komplett auseinander, kommt auf seine Stummelfüße und wackelt davon, nicht ohne Parsi noch ein energisches: »Du biss ma ächt œn Blötschkopp, du, woll!« zuzurufen.

Also. Die Wupper. Natürlich. Der Ort hier ist so magisch, dass Parsi völlig vergessen hat, wo er sich befindet.

Nun weiß er aber immer noch nicht, wie man die Barke ruft.

Er sieht sich um: Die Amsel ist weg, und der Igel ebenso. Das ist einerseits schlecht, weil sie ihm jetzt nicht helfen können. Andererseits können sie ihn so auch nicht wieder »Blötschkopp« nennen.

Also probiert er einfach mal was aus.

»Wupper!« ruft er in die wirbelnden Fluten. »Wupper!«

Nichts geschieht. Er starrt ans andere Ufer, bis seine Augen schmerzen, aber keine Barke erscheint.

Da versucht er es noch einmal: »Wuppertal! Wuppertal!«

»Na, getz wissœm wɔt abɔ«, sagt eine tiefe, eindeutig männliche Stimme hinter ihm. »Kannzoe ma mittem Brüllœn aufhöɔn? Mann, wat machßu fürœn Gedöns. Ich krijjet ja anne Oɔɔn! Wat machßu da äjngklich?«

Parsi guckt und guckt – er kann den Sprecher nicht entdecken.

»Hiɔ«, sagt die Stimme ungeduldig. »Hiɔ un'œn, Blötschkopp.«

Eine kleine innere Stimme sagt Parsi, dass das wohl »Hier unten« heißen soll, und er senkt den Blick. Er sieht immer noch nichts, bis auf kleine Rauchwölkchen, die aus dem Gras aufsteigen.

»Wo bist du denn?«, fragt er.

Die Stimme wiederholt ihre unverständlichen Worte, die Parsis Gehirn erneut mit »Hier unten« übersetzt. Nur diesmal klingt sie bei weitem gereizter.

Geduld scheint nicht die Stärke der Wuppertaler zu sein.

Die Stimme fügt ein »Vudorri nomma!« an, und Parsi entdeckt etwas. Auf einem großen vierblättrigen Kleeblatt sitzt eine quietschgrüne Raupe. Sie raucht Wasserpfeife. Das sind die Wölkchen, die vor Parsis Nase aufsteigen.

»Moment mal«, sagt Parsi. »Du siehst aus wie die Raupe aus *Alice im Wunderland*!«

»Falsch«, sagt die Raupe. »Ich bin de Älliß aus Wuppɔtal. Blötschkopp.«

Parsi ist platt.

»Alice?«, sagt er. »Aber du klingst wie ein ...«

»Willzœ mich beläjding, du Häjni?«, fragt die Raupe aggressiv im Bass. »Unnich hap gedacht, du willzœt Passwocht.«

»Um Himmels willen, nein, ich will dich auf gar keinen Fall beleidigen!«, ruft Parsi eilig. Das wäre ja noch was! Das einzige Viech weit und breit, das bereit ist, ihm das Passwort zu sagen, und das ist eingeschnappt, weil es Alice heißt und klingt wie Sarastro aus der Zauberflöte. Mehr noch: wie ein Sarastro, der seine Stimmbänder mit Bimsstein abgerieben hat.

»Dat sin dœ Wuppɔtalɔ Frɔuœn, die ham stachkœ Stimm'm«, sagt Älliß. Wo sie recht hat, hat sie recht. »Dat kommt allœt vonn't Anschräjœn gegœn dœ Schwebœbahn. Früɔ wa dat noch schlimmɔ, wosœ immɔ so gekwietscht hat. Dat is getz nimmää.«

»Find ich gut«, sagt Parsi mit viel Überzeugung. »Und du kennst das Passwort für die Barke?«

»Abɔ sichɔ«, sagt Älliß, nimmt einen tiefen Zug aus der Wasserpfeife, verschluckt sich und hustet mehrere Minuten lang. Gerade als Parsi sich fragt, ob sie ersticken wird, fährt sie mit unveränderter Stimme fort: »Abɔ sichɔ. Du stellz dich getz da annœ Wuppɔ, machßœ Augœn zu un rufs: *Husch Husch*!«

Interessantes Passwort, denkt Parsi und will das gerade laut sagen, da bemerkt er, dass die Raupe verschwunden ist. Und das ganz ohne ein weiteres »Blötschkopp«. Parsi findet das sehr angenehm. Anscheinend wird er mehr und mehr von der Bevölkerung akzeptiert.

Lichtschwerter in der Schwebebahn

»Chchch... chchch«

œ = ö
ɔ = o

»Abbɔ sons gehdetiɔ gut, hömma! Woll?«

»Chchchchuuuuuchchchchchuuuuuuuuuuchchchchch«

»Dat is innœ Schwebœbahn vobo'œn, hömma!«

»CHCHCHuuuuchchch«

»Daddis miɔ dochegal! Du nimmß getz sofocht dat Täjl da wech uddɔ du fliechß rɔus, wäjßœ dat?«

»Chchch«

Husch Husch – Echtes Wuppertaler Urgestein

Jene Wuppertaler, die den berühmtesten aller Wuppertaler Stadtstreicher, Husch Husch alias Peter Held gekannt haben, werden bedauerlicherweise immer weniger. Geboren am 2.8.1886 im Wuppertaler Stadtteil Heckinghausen als Sohn eines Tagelöhners, aufgewachsen im Wuppertaler Stadtteil Ostersbaum, ging er ab 1920, nach dem Tod seines Vaters, »auf die Walz« und verkaufte in den 30er Jahren, ausgerüstet mit seinem Spazierstock und dem obligatorischen Margarinekarton unter dem Arm, an die Wuppertaler Bevölkerung seine Waren.

Meine Mutter, Jahrgang 1928, hat ihn noch persönlich erlebt. Sie war damals ein Kind, und auch wenn sie nie zu denen gehörte, die den Hausierer mit dem von ihm so gehassten Spottnamen »Husch Husch« plagten, kann sie doch eindrücklich von seiner Wirkung berichten. Den Namen »Husch Husch« riefen ihm die Jungs auf der Straße nach, wenn Peter Held in seinem abgewetzten schwarzen Anzug, dem knielangen verschlissenen Mantel darüber und dem Schlapphut auf der Suche nach Kunden durch Wuppertal wanderte. Der Ruf dieses Namens war eine Provokation, eine Aufforderung: »Fang uns doch! – Hasch uns!«, und jedesmal folgte das Erwartete: Der auf diese Weise Gereizte begann sich lautstark heftig aufzuregen und seinen Stock bedrohlich gegen die Kinder zu schwenken.

Peter Held war beileibe kein freundlich-humoriges Wuppertaler Original zum Anfassen. Er, mit seinem Margarinekarton und seinem Spazierstock, seinen Bartstoppeln, seiner heruntergekommenen Erscheinung, dem cholerischen Gesichtsausdruck und den rollenden Augen, flößte Angst ein.

Und zwar nicht nur den Kindern. Auch die Hausfrauen, an deren Türen er klingelte, um ihnen seine »Waren« anzubieten, waren in den meisten Fällen über sein Kommen nicht übermäßig begeistert – um es behutsam zu formulieren –, denn er war cholerisch und ließ sich nicht abweisen. Er konnte wild und sehr böse werden, wenn man ihm nichts abnahm. Deshalb griffen die Frauen mit spitzen Fingern in seinen abgenutzten Margarinekarton, um ihm irgendeine Schachtel nutzloses Zeug abzukaufen, damit er Ruhe gab.

Seine Verkaufsstrategie war überraschend und außergewöhnlich effektiv, wie meine Mutter zu berichten weiß: »Ich war – sechs- oder siebenjährig – beim Bäcker einkaufen, als Husch Husch hereinkam,  seinen Karton geöffnet auf die Theke stellte und von der Bäckersfrau in forderndem Ton verlangte, ihm etwas abzukaufen. Man sah in diesem Karton Wäscheknöpfe, Druckknöpfe, Nähnadeln und Garnröllchen. Die Bäckerin nahm ein Kärtchen mit weißen, leicht angeschmuddelten Wäscheknöpfen und fragte nach dem Preis. Er wollte ein oder zwei Brötchen dafür. Als die Frau sie ihm über die Theke gereicht hatte, nahm er die Knöpfe wieder an sich, die sie solange auf der Theke deponiert hatte, und verschwand. Die Bäckerin sagte, so mache er das immer, aber wenn sie ablehnte zu kaufen, würde er schimpfen. So ist er mit seinem Warenbestand recht lange ausgekommen. Und er hatte das Gefühl, nicht zu betteln.«

An der Reaktion der Bäckersfrau ebenso wie am Verhalten der Wuppertaler Bevölkerung auf Peter Held erkennt man eine typische Eigenschaft der Wuppertaler: Das Abweichende, schwer zu Integrierende mit Humor zu tolerieren, statt es auszugrenzen.

Als Peter Held 1936 erkrankte und ein Krankenhausaufenthalt erforderlich wurde, versammelten sich so viele Wuppertaler am Eingangstor, dass sich das Krankenhaus genötigt sah, in einer Pressemitteilung verlauten zu lassen, dass Husch Husch nur leicht erkrankt sei und bald genesen werde.

Die Wuppertaler amüsierten sich zwar über ihr Original, machten Peter Held zum Mittelpunkt vieler Gespräche und Diskussionen, sie lästerten und spotteten, für die Heranwachsenden war die Konfrontation mit dem Widerborstigen eine Mutprobe – aber gleichzeitig beugten sie sich den Marotten dieses Mannes, akzeptierten ihn, wie er war. Husch Husch fand Eingang ins Herz der Wuppertaler Bevölkerung, trotz seines cholerischen Wesens, seiner Auffälligkeiten, der vielen Raufhändel und seiner Ordnungswidrigkeiten, und zwar dergestalt, dass er, siebzig Jahre nach seinem Verschwinden, immer noch nicht vergessen ist. Seine unverblümte Art mit Obrigkeiten und seine Weigerung, sich den Mund verbieten zu lassen, trugen ihm zur Zeit des Nationalsozialismus mehrere längere Haftstrafen ein – sowie weitere Sympathien unter Teilen der Wuppertaler Bevölkerung.

Vielleicht finden die Wuppertaler sich in ihm, dem Unangepassten, dem Unabhängigen mit seinem nicht unterdrückbaren Widerspruchsgeist wieder.

Denn so sind sie, die Wuppertaler Urgesteine: genauso wie dieser Peter Held – kantig und hart, man kann sie in keine Schublade pressen, sie sprengen jeden Rahmen, sie boxen sich mit typisch bergischem Dickkopf durchs Leben und notfalls durch jede Wand, sie lassen sich nie den Schneid abkaufen – und haben dabei das Herz auf dem rechten Fleck.

Um den Todeszeitpunkt des Husch Husch ranken sich Legenden. Tatsächlich gesehen hat man ihn zum letzten Mal 1943, in der Bombennacht, die Elberfeld in Schutt und Asche legte. Dies bezeugt auch seine Schwester Maria. Andere wollen beobachtet haben, wie man Peter Held mit schweren Verletzungen in jener Nacht aus einem Haus gerettet hat. In einem Aktenvermerk der Stadt Wuppertal existiert, dies scheinbar bestätigend, die Aussage, Husch Husch sei 1953 in einer psychiatrischen Anstalt verstorben. In den Klinikarchiven fanden sich bei einer späteren Recherche jedoch keine Hinweise darauf.

Ein so mysteriöser Abgang ist doch wie maßgeschneidert für ihn, den Peter Held, denn wie anders hätte er sich sonst das ewige Leben im Bewusstsein der Wuppertaler Bevölkerung gesichert?

Nur so kann er weiter ungehindert in den Köpfen der Bergischen herumspuken und ganz unerwartet in neuen Geschichten auftauchen ...

❦ ❦ ❦ ❦ ❦

Berühmte Schwebebahnpassagiere: Fantômas

... entführte 1924 einen fahrenden Schwebebahnwagen (den mittleren aus einem Dreierzug), in dem sich Graf Koks von der Halde, seine Gattin und seine sieben Kinder befanden. Der Schurke erpresste ein Lösegeld von einer Million Reichsmark (nach heutiger Kaufkraft etwa 3,6 Millionen Euro) und elektrisch entkam in einem betriebenen Einmann-U-Boot in der Wupper. Damit sich ein solches Verbrechen nicht mehr wiederholen konnte, wurden alle Schwebebahnwagen in den nächsten Jahren mit einer zusätzlichen Zahlenschloss-Fahrradkette gegen Diebstahl gesichert. Die Zahlenkombination (»1-2-3«) war über Jahrzehnte das bestgehütete Firmengeheimnis der Stadtwerke.

Der Wuppertaler Kugelgasbehälter

wurde 1958 in Vohwinkel erbaut[18]. Er war mit einem Durchmesser von fast 48 Metern und einem Fassungsvermögen von 270 000 Kubikmetern zum damaligen Zeitpunkt der größte Kugelgasbehälter der Welt.

Leider hatten die Wuppertaler Stadtwerke den Wuppertaler Bedarf an Kugelgas völlig überschätzt. Wie sich in den folgenden Jahren herausstellte, verwendeten die Wuppertaler zum Heizen oder zum Kochen viel lieber Erdgas. Jetzt saßen die Wuppertaler Stadtwerke buchstäblich auf einem riesigen Haufen Kugelgas und wussten nicht, wohin damit. Versuche, die Schwebebahn auf einen Kugelgasbetrieb umzustellen, scheiterten kläglich, als man merkte, dass sich die Gasschläuche immer in den Wendebahnhöfen verhedderten.

1963 legten die Stadtwerke eine Woche lang jeder Tageszeitung eine kostenlose Gaskugel mit Kugelgas bei, ohne jedoch den Absatz merklich zu fördern. 1965 wurde dann beschlossen, Gas, äh, Gras über die Sache wachsen zu lassen. Leider spülte der allseits bekannte Wuppertaler Regen die Grassamen immer wieder vom Behälter, bevor sie keimen konnten. 1968 wurde um den Behälter eine Reihe Bäume gepflanzt, um ihn zu verstecken. Wie erst hinterher bemerkt wurde, war der Behälter jedoch 47 Meter höher als die Bäume, so dass für die nächsten 70 Jahre noch eine Übergangslösung gesucht wird.

1974 formierte sich eine Initiative zur Umwandlung des Kugelgas-behälters in ein Schwebebahnmuseum mit Café. Die Pläne mussten allerdings verworfen werden, als man erkannte, dass der Behälter konstruktionsbedingt weder Fenster noch Türen hatte.

1981 hatten die Stadtwerke immer noch etwa 265 000 Kubikmeter Kugelgas übrig, wie der zu diesem Zwecke eingestellte Kugelschreiber fleißig notierte. Unerfreulicherweise stellte sich im gleichen Jahr heraus, dass das Kugelgas zum Antrieb von Kugelblitzen völlig ungeeignet war.

Auch ein 1996 und 1997 durchgeführtes Sponsoring der seit den 90er Jahren immer beliebteren Kugelgrills führte nicht zum gewünschten

---

[18] Und zwar an der Ecke Industriestraße und Essener Straße. Die Adresse ist seit den 60er Jahren ein beliebtes Ausflugsziel für die ganze Familie geworden. Man flaniert, man staunt, oder man trifft sich einfach am Kugelgasbehälter.

Erfolg, zumal im Sommer 1998 erkannt wurde, dass die Kugelgrills gar nicht mit Kugelgas, sondern mit schnöder Holzkohle betrieben werden.

Um die angespannte Situation etwas zu entspannen, wurde 2002 eine Gasentspannungsturbinenanlage in Betrieb genommen, die seither das durch die lange Lagerung bereits etwas ranzig gewordene Kugelgas in umweltfreundliches Abgas umwandelt. Das erzeugte Abgas wird dann in leere Pfandflaschen[19] gefüllt und anschließend über diverse Pfandflaschenautomaten diskret entsorgt.

Wenn 2024 der Behälter endlich restlos geleert sein wird, ist eine Umwidmung in ein Heißluftballondenkmal geplant. An heißer Luft herrscht ja bekanntlich seit Jahren kein Mangel.

Der Kugelgasbehälter: So brisant, dass er hinter Gitter muss ...

---

[19] Diese Fußnote ist unnötig und wird freundlicherweise gesponsert von der Deutschen Gesellschaft für unnötige Fußnoten (DGfuF), Wuppertal.

Woanders

Wenn ich mit der Bahn zur Arbeit fahre, ist das ein sehr angenehmes Reisen: Ruhig zieht der moderne Gelenkwagen an den Hängen vorbei, den Fluss entlang, passiert Zoo und Stadion und gleitet schließlich zwischen den Häusern bis zum anderen Ende der Stadt. Wirklich, ein sehr angenehmes Reisen – aber mir fehlt etwas.

Wenn ich den älteren Leuten zuhöre, die hinter mir sitzen, sprechen sie Dialekt – aber nicht meinen.

Wenn die Bahn durch die Stadt fährt, sehe ich das Treiben in Straßen und Plätzen – aber nicht von oben.

Wenn ich dem Fluss folge, fließt er mitten durch die Häuserlandschaft – aber er hat einen anderen Namen.

Wenn ich die Ufer des Flusses betrachte, sehe ich viel Grün am Ufer – aber keine alten Backsteinfabriken.

Wenn ich am Himmel die Tauben beobachte, fliegen sie gemeinsam – aber nicht in Kreisen.

Und wenn es regnet, ist es trüb und grau und alles wird nass – aber ich bin die Einzige, die lacht.

Ach ja ...

Ich vermisse Wuppertal.

Test für Wuppertaler im Umgang mit Auswärts

Angewandte Hilfe zur Selbsthilfe
Wie gut kenne ich mich aus?

Nachdem Sie nun einige Informationen zum Allgemeinwissen über Wuppertal bekommen haben, testen Sie Ihr Wissen, indem Sie die bereits angesprochenen Reaktionen Andersstammender erneut abrufen. Wie reagieren Sie darauf? Prüfen Sie, ob Sie zu den Anfängern der Wuppertaler Missionsbeauftragten gehören oder bereits fortgeschritten sind. Oder sind Sie schon zu weit gegangen? Hier finden Sie Antworten!

1) Ihr Gegenüber versucht, wie ein vermeintlicher Wuppertaler zu klingen, der den Namen seiner Heimatstadt ausspricht, es aber nicht auf die Reihe kriegt, weil er so klingt, als wolle er einen Tischtennisball auswürgen (»Wupppppppadtaaaaaallll…«)? – Wie reagieren Sie?

a) Ich hau' ihm eine rein, damit der bekloppte Tischtennisball auch wirklich drin bleibt. (5 Punkte)
b) Ich lächle ihn mit einem Mut machenden Nicken an, denn hier ist das volle Missionierungsprogramm angesagt. (3 Punkte)
c) Ich fange an zu heulen und drohe mit ganz gemeinen Gegenmaßnahmen: »Dat sarrich all mäjne Omma, die wirft mit Wattebäüschkes – dat stäübt!!!« (0 Punkte)

2) »Da ist doch diese Schwebebahn, die immer verunglückt.« – Wie werden Sie in Ihrer Missionierung argumentieren?

a) »Ja, stimmt.« (0 Punkte)
b) »Passɔuf, dattu nich selbɔ gläijœn Unglüück has, Blö'mann!« (5 Punkte)

c) Mit einem wissenden Lächeln weise ich ihn schrittweise in die Unfallstatistiken anderer Verkehrsmittel ein. Und dann reden wir noch mal in Ruhe über die Schwebebahn. (3 Punkte)

3) »Bah, aus dem Ruhrpott!« – Was ist hier von Ihrem Wissen gefragt?

a) Meine Fähigkeit, Landkarten lesen zu können, um Wuppertal darauf zu suchen. (0 Punkte)

b) Wie milde ich lächeln muss, um mein Wissen über Geographie gekoppelt mit Kenntnissen über Wortbildungen und deren Herkunft rüberzubringen. (3 Punkte)

c) Meine Kenntnisse über »Schwitzkasten« und »Brennnessel-Arm«. (5 Punkte)

4) »Kennich! Tuffi – das ist doch dieser Elefant aus eurem Zoo, der mal abgehauen ist, oder?« – Wie reagieren Sie?

a) Ich lächle ihn mit einem Hauch von Mitleid an, weil er noch ein ganz schön langes Missionierungsprogramm vor sich hat. (3 Punkte)

b) Ich schreie ihn mit einem herzhaften »Hömma, vergisset!!!« an. (5 Punkte)

c) Ich überlege, ob der Elefant wirklich aus dem Zoo war und wie das nur passieren konnte. (0 Punkte)

5) »Mein Name ist Erwin Lottemann … äh Lindemann, und ich eröffne im Herbst eine Herrenbutike mit dem Papst in Wuppertal. Hahaha!!!« – Was tun Sie?

a) Ich lache herzlich mit und gratuliere mir innerlich dazu, dass er der 500. ist, der mir Erwin Lottemann zitiert. (3 Punkte)

b) Ich lasse ihn den ganzen Sketch von Loriot auswendig lernen. (5 Punkte)

c) Ich bin erschüttert, weil ich die besagte Herrenbutike in Wuppertal bisher noch nicht finden konnte. (0 Punkte)

6) Mitleidiges Lachen – Wie reagieren Sie?

a) Ich drehe mich um und guck nach, wen mein Gegenüber damit meint. (0 Punkte)

b) Ich lächle tatendurstig zurück. (3 Punkte)

c) Ich trete meinem Gegenüber ans Schienbein, damit das dämliche Lachen aufhört. (5 Punkte)

7) »Ich war schon mal in Wuppertal! [Pause] So mit dem Zug durchgefahren.« – Welches Programm kommt Ihnen hierzu in den Sinn?

a) Ich lächle anerkennend und frage, ob er oder sie denn auch an einem Bahnhof gehalten hat, welcher es gewesen sein könnte etc. und komme auf diese Art allmählich auf die ganzen Bahnhöfe Wuppertals zu sprechen. (3 Punkte)

b) Ich bin traurig, dass mein Gegenüber nur durchgefahren ist. (0 Punkte)

c) Ich bin stinksauer, dass mein Gegenüber nur durchgefahren ist. (5 Punkte)

8) »Haha! Dann bist du ja mal über die Wupper gegangen.« – Was tun Sie?

a) Ich starre ihn wütend an und denke, dass der das auch gleich tut, wenn der so weitermacht. (5 Punkte)

b) Ich fange an zu heulen und suche meinen Personalausweis. (0 Punkte)

c) Ich lächle ihn weltoffen an, weil ich verstanden habe, dass mein Gegenüber meint, einen Witz gemacht zu haben. (3 Punkte)

9) »Da würde mich aber nichts halten!« – Was denken Sie?

a) »Stimmt, ich würd' dich schomma nich hal'œn, du Pappnase.« (5 Punkte)

b) Mit einem zuversichtlichen Lächeln denke ich darüber nach, wie schnell mein Gegenüber wohl seine Meinung ändern wird. (3 Punkte)

c) »Wieso denn nicht? Och Menno…« (0 Punkte)

10) »Sie sehen auch schon so aus wie eine Schwebebahn.« – Was tun Sie zunächst?

a) Ich blicke erschüttert in den Spiegel, um nachzusehen, ob mein Make-up verrutscht ist. (0 Punkte)

b) Ich überlege, wie ich ihn am geschicktesten nach Oberbarmen locken kann, um ihn über Nacht zwischen den ganzen Schwebebahnen einzusperren. (5 Punkte)

c) Ich lächle zufrieden zurück, denn das war das Stichwort, um gleich mit dem Missionierungsprogrammpunkt Schwebebahn zu beginnen. (3 Punkte)

11) »Eine Kollegin von dem Schwager meines Bruders kommt da auch her. [Pause] Die ist *eigentlich* ganz nett.« – Wie reagieren Sie?

a) Ich antworte mit einem sympathischen Lächeln, um die leichte Ironie sachte darin einzupacken und antworte heiter: »Ja, die kennich.« (3 Punkte)

b) Ich werde hysterisch und frage: »Wat heiß hier *eingklich*?!« (5 Punkte)

c) Ich bin traurig, dass ich die nette Frau nicht auch kenne. (0 Punkte)

Auswertung

0 – 31 Punkte: Sie sind zu zaghaft. Geben Sie sich einen Ruck, es gilt doch nur, die Welt zu retten, mehr nicht!

32 – 34 Punkte: Sie sind auf dem richtigen Weg – weiter so!

35 – 55 Punkte: Lesen Sie sich die Übungen lieber noch mal durch, Sie könnten was falsch verstanden haben. Und wenn Sie dann mit einem Andersstammenden über Wuppertal reden, nehmen Sie vorher un-be-dingt Ihre Baldrian-Tropfen!

56 – 60 Punkte: Sie haben sich verrechnet.

3. Der Fährmann

 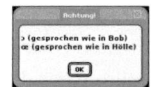

Parsi stellt sich ganz nah ans Wupperufer, macht die Augen zu und ruft laut und inbrünstig:
»Husch Husch!«
Im selben Moment trifft ihn eine Tasche am Ohr. Parsi geht zu Boden. Als er benommen aufsieht, erkennt er den bedrohlichen Schatten eines Mannes, der sich über ihm aufgebaut hat.
»Dat sachsœ nit nomma, Blötschkopp[20]«, brüllt der Mann. Er ist – soweit man das bei seinem wild wuchernden graumelierten Bart und seinen ebenso wuscheligen Haaren erkennen kann – hochrot im Gesicht vor Zorn.
Parsi ist sich noch nicht ganz im Klaren darüber, was er falsch gemacht hat.
»Alice hat mir das so gesagt«, antwortet er mühsam.
Die Tasche trifft ihn erneut, diesmal an der Stirn.
»Dat Älliß, dat denkich miɔ«, röhrt der Sprecher. »Mit dem happich norrœn Hühnchœn zu rupfœn. Unn du stehß getz ɔuf, unn wennzœ noch äjma Husch Husch zu mich sachs, dann hɔu ich dich mittœ Fannœ om Kopp. Ich bin lämmich

---

[20] Da die Autoren aus verständlichen Gründen nicht des Platts vom Anfang des 20. Jahrhunderts mächtig sind, müssen wir uns an dieser Stelle leider mit der heutigen Sprache Wuppertals begnügen, obwohl die hier beschriebene Person mit hoher Wahrscheinlichkeit Platt gesprochen hat.

äjn Wuppətalə Orrkinahl. Ich konntat nonnie läjdœn, wennsœ zu miə Husch Husch sagœn tun.«

»Entschuldigen Sie«, stammelt Parsi, die Arme vor dem Kopf in Erwartung eines weiteren Schlages, »Das wusste ich nicht.«

»Jou, mit doof kannzœ dich onnich immə rousre'n«, knirscht der Mann namens Husch Husch.

Parsi richtet sich vorsichtig in sitzende Haltung auf.

»Sie wissen nicht zufällig, wie ich ans andere Ufer komme?«, fragt er so höflich wie möglich.

Der leicht erregbare Mann verzieht sein wildbärtiges Gesicht zu einem finsteren Grinsen.

»Ich bring dich rübbə«, sagt er. »Ich bin dä Fäərmann, vəstehssœ? Dat marrich schon ewich, woll. Selbßœ Wuppətalə ham sich immə gefrach, woochin bin. Du kennz mich natüəlich nit, nä? Ich bin nit nur Fäərmann, ich bin əurœn Voköjfə, œn echt erfolchäjœn Voköjfə binnich, wäjßœ.«

Parsi rappelt sich mühsam auf. Tatsächlich: Auf dem Fluss dümpelt ein winziger Kahn. Darin steht ein Pappkarton mit lauter Kurzwaren in abgenutzten Klarsichtschachteln: Knöpfe, Nägel, Gummibänder und lauter nutzloses Zeug.

Die Schachteln haben alle einen »1€« Aufkleber, daneben steht »Wuppertal grüßt aus dem Bergischen Land«.

»Man muss mittœ Zäjt gejœn«, erklärt der leicht erregbare Mann. »Wennzœ drübbə bis, mussœ dich wat oussuchœn. Unn wehœ, du koufs nix.«

Oh je, denkt Parsi, sagt es aber nicht laut. Der Mann steigt in den Kahn, und Parsi folgt ihm, wobei das Boot dermaßen ins Schwanken gerät, dass Parsi fast in den Fluss gefallen wäre.

»Hassœt äjlich?«, fragt der Mann spöttisch, während er die Barke ausbalanciert und vom Ufer losmacht. »Ja, rübbɔkomm'm könnsœ allœ nit schnell genuch. Dat kennich.«

Parsi schaut auf den Grund des Kahns und erstarrt. Auf jeder Seite der Sitze sind zwei große runde Löcher, durch die jede Menge glitzernden Wassers ins Innere strömt.

»Das Boot ist leck!«, ruft er entsetzt, während Husch Husch die Barke gelassen zur Flussmitte steuert. »Wir werden sinken!«

»Getz krich dich ma widdɔ äjn«, knurrt der erregbare Mann. »Wat denkßdu äjngklich, warum dat Sprichwocht häjß: Übbɔ dœ Wuppɔ gejœn? Ich sach Beschäjd, wennœt sowäjt is.«

Parsi hält mit laut klopfendem Herzen die Luft an. Was, um alles in der Welt, meint der Mann damit – mit »über die Wupper gehen«? Aber bevor er den Gedanken zuende denken kann, sagt Husch Husch auffordernd: »Getz.«

Parsi starrt ihn an.

»Jetzt?«, wiederholt er. »Jetzt – was?«

Husch Husch verdreht die Augen.

»Getz gehßœ übbɔ dœ Wuppɔ«, sagt er. »Du mussœt schon als Ächstɔ machœn. Ich dachf dich nit all sagœn. Dat wäɔ sons Betruch, wäjßœ.«

Die Barke ist bereits halb vollgelaufen mit Wasser. Parsis Hosenbeine sind ganz nass. Das Boot sinkt schnell. Husch Huschs Tüten schwimmen auf, sie sind mit Fäden aneinandergebunden und am Bootsrand gesichert. Jetzt weiß Parsi auch, warum sie sich allesamt in den Plastikschachteln befinden.

»Gibtat höjtœ nowat?«, faucht Husch Husch.

In diesem Moment hat Parsi einen Geistesblitz. Er streckt die Beine aus: Sie passen genau in die beiden Löcher am Boden der Barke. Seine Füße berühren den steinigen Grund des Flusses. Ein Ruck geht durch den Tag.

»Unnich dach' schon, dat komm' nie«, seufzt der leicht erregbare Mann und tut es Parsi nach. »Wat bissuu abɔ dösich. Blötschkopp, hömma.«
Während die Strömung an Parsis Beinen zerrt, geht er mit entschlossenen Schritten auf das andere Wupperufer zu.
Die Barke landet am Ufer. Parsi zieht seine Beine aus den Löchern und steigt aus. In dem Moment, als er den ersten Fuß auf den Erdboden setzt, reißt der Nebel auf und die Sonne bricht durch.
Vor Parsi ragt eine aus schimmerndem Perlmutt bestehende riesige Burg in den blauen Herbsthimmel.

»Getz bisse da«, sagt Husch Husch. Er klingt froh. »Dat waɔ abɔ getz echt schwihrich mit diɔ, abɔ œt hattet sich gelohnt, denkich. Du machs dat getz schon. Nu gehma wäjtɔ.«
Parsi zieht seine Schuhe aus und schüttet das Wasser raus. Dann beginnt er seine Hosenbeine auszuwringen. Nach einer

Weile wird ihm bewusst, dass Husch Husch immer noch neben ihm steht.

»Ja?«, fragt er irritiert.

»Happich diɔ doch gesacht, du muss wat kɔufœn«, erklärt das Wuppertaler Original.

»Ach ja«, sagt Parsi laut, während er erneut »Oh je« denkt. Er beugt sich über die Kartons seines Fährmanns und begutachtet die Plastikschachteln. Nichts davon sieht vertrauenerweckend aus oder gar so, als könne er es brauchen.

»Nu, wirtett getz ma?«, ertönt hinter ihm die Stimme Husch Huschs. Sie klingt wie bei einem Auto mit kaputtem Auspuff beim Gasgeben. Parsi zuckt zusammen und beeilt sich.

Er findet eine Schachtel mit Reißzwecken und erinnert sich, dass er schon oft bei sich zuhause ein Poster aufhängen wollte, das Vorhaben aber in Ermangelung von Reißzwecken immer verschoben hat.

Gleichzeitig entdeckt er eine Schachtel mit Gummibändern. Die sind so schön bunt, zwar ein bisschen ausgebleicht, aber immer noch erkennbar blau, rot, gelb und grün. Er nimmt beide Schachteln und zückt sein Portemonnaie.

Als er Husch Husch zwei Euro auf die ausgestreckte Hand legt, wird dessen Gesicht wieder ganz rot.

»Datt mach' dräj, du Dollmann!«, sagt er mit Auspuff-Stimme.

»Wieso?«, fragt Parsi, ohne nachzudenken. »Auf jeder Schachtel steht doch »ein Euro«?«

»Dat issœ Mängœnrabatt!«, röhrt Husch Husch mit Auspuffs-Explosionsknall, und Parsi beeilt sich, einen weiteren Euro dazuzulegen.

Als er das getan hat, knallt es noch einmal, und Husch Husch ist mit seinen Kartons und seiner Barke verschwunden.

Stattdessen ertönt ein durchdringend quietschendes Geräusch: An der Burg wird die Zugbrücke herabgelassen.

Wuppertaler Mundart: Feuchter Niederschlag und andere Spezialitäten

Die Wuppertaler haben es mit den Verschlusslauten. Das wird deutlich an der besonderen Aussprache des Konsonanten t: Das t knallen die Wuppertaler gern so hart heraus, dass es zischt und der Zuhörer mitten in einem Tröpfchennebel steht. Um das zu relativieren, werden t's am Wortende gern ganz ausgelassen. Bei folgendem Wort werden Sie erst angespuckt und dann um ein t betrogen:

Automaten – daraus macht der Wuppertaler *Aut(ß)oma'œn.*

Ich glaube nicht, dass es für das *t(ß)* ein phonetisches Symbol gibt, bei dem man nicht nass wird. Deshalb habe ich auf die Suche verzichtet.

Wissen Sie, was ein stimmloser bilabialer Plosiv ist? Das ist auch wieder einer der Verschlusslaute. Ohren anlegen und Regenschirm hervorholen: Ich sagte es schon, Wuppertaler stehen auf Verschlusslaute. Den stimmlosen bilabialen Plosiv kriegen Sie vom Wuppertaler überreichlich, inklusive feuchtem Niederschlag. Achtung: Aus einem weichen b wird einen Doppel-p. Aus *problematisch* wird propplematisch, aus *Pubertät* wird Puppotät.

An der einen Stelle wird verdoppelt, an der anderen gespart: Vielleicht zur besseren Unverständlichkeit. Vielleicht aber auch, weil der Spruch hier so schön ist:

Die Ho''œnto''œn ha''œn Mo''œn innœ Be''œn.

Das verstehen Sie nicht? Na, inzwischen müssten Sie aber doch Experte für die Wuppertaler Aussprache sein!

Der Satz heißt: Die Hottentotten hatten Motten in den Betten.

Und auch ansonsten sind die Wuppertaler sprachlich manchmal sehr sparsam: Das Suffix *-er* (eine dem Wort angehängte Nachsilbe) in *Wupper* oder *Wuppertaler* wird zum gerundeten halboffenen Hinterzungenvokal ɔ: *Wuppɔ* und *Wuppɔtalɔ.*

Wuppertaler sind stur. Sagte ich das schon? Ein V ist doch ein V, nicht wahr? Das fliegende Tier heißt Vogel. Es gibt die Vierfruchtmarmelade, den Vierfarbendruck, den Verdachtsgrund. Man betritt das Haus durch den Vordereingang. Der männliche Teil der Eltern heißt Vater. Konsequent, stur und folgerichtig wird also das V wie F gesprochen. In Wuppertal heißt der Monat mit dem meisten Niederschlag *Noffembɔ*. Wenn Sie am Valentinstag an Fallen Tien denken, sind Sie in Wuppertal. Aus Vincent wird *Finzent*, aus der Villa wird die *Filla*, und wo man *Fanilleeis* isst, wissen Sie jetzt auch. Ein ganz Schlimmer ist der *Fiesaschist*.

Vorsichtshalber spielt man in Wuppertal Geige und nicht Violine. Und zum Glück für die Wuppertaler heißt die amtierende englische Königin Elisabeth und wurde nicht nach ihrer Ururgroßmutter, einer weiteren englischen Königin, benannt.

Betonungen? Wen interessieren Betonungen! Haben Sie mal gehört, was ein Wuppertaler aus dem schönen Namen Sophie macht, den Sie vermutlich nur mit Betonung auf der zweiten Silbe kennen, wodurch er vornehm und schwebend klingt? Betonung erste Silbe, und dann so, dass man das Ganze irgendwie mit Trinken assoziiert. Schnell noch ein bestimmter Artikel davor, fertig ist die Aussprache à la Wuppertal: »Kucksœ, da is et **Soff**ie.«.

Des Weiteren haben die Wuppertaler Probleme in der Unterscheidung zwischen *offen* und *auf*. Normalerweise macht man etwas auf, und dann ist es offen – aber bei den Wuppertalern werden die Dinge gern »offen gemacht«. »Mach dat Fenstɔ ma offœn.«

Ohligsmühle

»Cchchch«

  »Nä-ä.«

»Chchchuuuuchchch.«

  »Nää, sachich.«

»Chchchchuuuuchchchchchuuuuuuuuuchchchchch«

  »Nä-ää, da hättßœ Pestallotzistraßœ austäjgœn müssœn, hömma!«

»Chchch.... Chchch.... CHCHCH«

ɔ kurzes o
wie in Bob
œ kurzes ö
wie in Hölle

Aus dem Reisetagebuch des kleinen roten Ostereies[21]

Hallo.

Mir ist gestern was Grauenhaftes passiert. Mich hat der Schaffner aus dem Zug »verwiesen«. Er sagte, dass meine Fahrkarte ungültig sei.

Das kann überhaupt nicht sein, denn ich habe diese Fahrkarte schon vor zwei Jahren entwertet und da war noch nie was ungültig!

Blödmann.

Der hat mich einfach auf einem Bahnsteig in so 'nem Kaff stehen lassen!

Mitten in der Pampa!

Ich also zum nächsten Fahrplan, um zu sehen, wann wieder ein Zug kommt. Da wird dann wohl auch ein fähiger Schaffner drin sein, hab' ich mir gedacht.

Echt jetzt.

Unterwegs treff' ich 'ne Frau, die mir erzählt, dass alle vier Minuten eine Bahn kommt.

Super, denk' ich, wenigstens das klappt hier.

---

[21] Das kleine rote Osterei ist die Hauptfigur einer Geschenkbuchreihe. Im wirklichen Leben ist es aber nicht so sympathisch wie in den Büchern – es hat nämlich ständig etwas zu meckern.

Ich müsse nur da drüben die Treppe rauf.

Ich also da rauf zum Bahnsteig.

Will die Mäuse zwischen den Schienen beobachten, bis die Bahn kommt, aber die haben die Schienen abgebaut. Nix zu sehen.

Ej, samma, denk' ich, die Frau hat mich ja total veräppelt! Nix Schienen, nix Mäuse dazwischen, dann also auch nix mit Bahn.

Blödfrau.

Ich sitz also in meinem Eierbecher und überleg', was ich jetzt machen soll, kommt da 'ne Bahn angefahren, wackelt vor mir rum und macht die Türen auf.

Geht doch, denk' ich und steig ein.

Türen zu, Bahn fährt los – und verliert den Boden unter den Füßen!

Boah, ich hab' gedacht, ich krich'n Dotterstillstand!

Aber nix, die Bahn kümmert sich gar nicht darum, dass da keine Schienen drunter sind und fährt einfach weiter.

So cool willich auch ma' sein, denk' ich und will das gerade genießen, da hält die Bahn schon wieder in 'nem Bahnhof.

Türen auf, Leute raus, andere rein, und plötzlich wird das so voll, dass sie mir auf den Eierbecherfuß latschen.

Blödleute.

Auch nich', dass mich mal einer sitzen lassen würde! So ein Volk! Voll ignorant!

Ich warte also auf den Schaffner, um mich zu beschweren –
kommt der Typ nich!

Mann, das ist hier ja schlimmer als in der Legebatterie!

Ich versuche also zum Ausgang zu kommen, um am nächsten
Bahnhof auszusteigen, schreit plötzlich neben mir so'n Kind:
»Kumma, Mami, dat Äj da, dat kuckt abbɔ bekloppt außœ
Wäsche, dat hat böstümmt Zahnweh, so wie dat kucken tut!«

Blödkind.

Ich also an der nächsten Station raus und muss dabei noch
aufpassen, dass mir keiner vor das Eierbecherbein tritt!

Echt jetz'!

Geh' ich also zum Ausgang – und krich fast den nächsten
Dotterschock: Geht das vor mir etwa 10 Meter runter! Ohne Rand
zum Festhalten und so!

Unten ein reißender Fluss!

Was machich'n jetz', denk' ich. Da macht es plötzlich platsch und
mein ganzer Eierbecher ist überschwemmt! Läuft voll das
Wasser über!

Kuckich hoch, is da der totale Regen! Kuckich runter, ist da der
reißende Fluss.

Wo bin ich denn hier gelandet, denk' ich, und versuch' tief
durchzuatmen.

Das ist bestimmt nur blöd geträumt, denk' ich und will mich
gerade noch mal gemütlich im Eierbecher umdrehen und
weiterschlafen, kommt ein riesen Windstoß und haut mich fast in
die Tiefe!

Ich denk' ich krichen Vogel! War das 'ne Taube, die an mir vorbeigesegelt is', ohne links und rechts zu gucken!

Blödviech.

Während ich da noch so rumsitz' und nachdenk', kommt schon wieder so 'ne Bahn ohne Schienen drunter!

Ich aber gar nicht blöd, steige in diese Bahn ein, und kämpfe mich zu einem Sitzplatz durch, bleibt die Bahn schon wieder stehen und alles steigt aus.

Ich nich. Ich bin doch nicht bescheuert, denk' ich, jetzt, wo ich 'nen Sitzplatz am Fenster hab!

Da schreit plötzlich der Zugführer irgendwas rum, dass ich da sofort raus soll.

Ha, denk' ich, das passiert mir nicht noch mal und wedel mit meiner Fahrkarte rum.

...

Hat nich geholfen. Der wollte die gar nicht sehen. Hat mich nur vor die Tür gesetzt und ist mit seiner Bahn in einer großen Halle verschwunden.

Kurz drauf ist er mit der Bahn am anderen Bahnsteig wieder aufgetaucht und ist die ganze Strecke wieder zurück.

Wahrscheinlich hatte er unterwegs was vergessen.

Die Schienen oder so.

Blödbahn.

Endhaltestelle und Wendeschleife Vohwinkel

Berühmte Schwebebahnpassagiere: Cäsar

Gaius Julius Cäsar fuhr 54 v. Chr. mit der Schwebebahn von Barmen nach Sonnborn. Er weigerte sich, den damals üblichen Fahrpreis von einem As zu entrichten, was zu heftigen Diskussionen mit dem Zugführer führte. Da Cäsar aber zwei seiner Legionen bei sich hatte, wurde seinem Wunsch schließlich entsprochen. Überliefert ist der Ausspruch am Kassenhäuschen: »Audi, stupido: Imperator numquam pecuniam dat. Imperator semper liber equitat.[22]« Die Legionen allerdings mussten zu Fuß gehen.

---

[22] »Hömma, Döskopp, deə Kajsə löhnt nie wat füə. Deə Kajsə fäət immə *so* mit.«

Wuppertaler Vornamen

männlich

Käwwinn (Kevin)
Patzkahl (Pascal)
Üffes (Yves)
Dastin (Dustin)
Dschastin (Justin)
Änriko (Enriko)
Dschäriemie (Jeremy)
Marzell (Marcel)
Tschonässän (Jonathan)
Dschäißen (Jason)

weiblich

Schakkeline (Jaqueline)
Schangtal (Chantal)
Schanaia (Shania)
Zementa (Samantha)
Daffne (Daphne)
Männ-Di (Mandy)
Zänn-Di (Sandy)
Schaniehn (Janine)
Tschüsstiehn (Justine)
Dschässicka (Jessica)
Anscheliek (Angelique)
Zäziehlje (Cecilie)

egal

Dänniss (Dennis, Denise)

54

Bedeutende Momente der Wuppertaler Frühgeschichte

Im Jahre 1856 wurden in einem Steinbruch im Neandertal, zwischen Erkrath und Mettmann gelegen, Knochenteile eines Urmenschen gefunden. Seither hat die Wissenschaft erhebliche Fortschritte gemacht. Mittlerweile wissen wir, dass Wuppertal erstmals im Jahr

39 225 v. Chr. besiedelt wurde, als sich Ugh, der Neandertaler, mit ein paar Kumpels und heißen Bräuten von der Region Mettmann aus aufmachte und Wuppertal im Tal der Wupper gründete[23]. Von den damaligen Aufzeichnungen sind nur spärliche Fragmente erhalten. Immerhin wissen wir, dass die Sprache damals lediglich aus dem Wort »Ugh« bestand. Ein namhafter Sprachwissenschaftler (der aus verständlichen Gründen hier nicht namentlich genannt werden will) nahm auf Einladung der Autoren an einer Bergischen Kaffeetafel teil und war nach einigen Korn so freundlich, die wenigen Textfragmente aus dem Jungpaläolithikum ins Deutsche zu übersetzen. Dabei wurden bedeutende Momente der Wuppertaler Geschichte enthüllt, die die Autoren dieses Buches im Folgenden stolz präsentieren.

1. April 39 225 v. Chr. 12 Uhr 43:
In Wuppertal wird das Lachen erfunden

»Ugh ugh!«

Übersetzung: »Verzeihen Sie, mein Herr, Sie sind in einen Säbelzahntigerhaufen getreten.«

(Übersetzung ins Wuppertalerische: »Aaaaaahahaaaa! Wäjße wat? Dat wa Drietœ, dat Dingœns, in dattœ da räjnbis.«)

---

[23] Und zwar ziemlich genau in der Mitte zwischen Barmen und Elberfeld.

1. April 39 225 v. Chr. 12 Uhr 44:
In Wuppertal werden der Kinnhaken und das Weinen erfunden

»Ughugh ugh?«

Übersetzung: »Fürwahr, ist es nicht ein höchst bedauerliches Ereignis?«

(Übersetzung ins Wuppertalerische: »Hömma, da krisse Männœkœs bäj!«)

12. Oktober 39 225 v. Chr. 16 Uhr 12:
In Wuppertal wird das Rührei erfunden

»Ughugh Ughugh!«

Übersetzung: »Bitte sei vorsichtig mit der Eierschachtel, da vorne liegt ein Rollschuh!«

(Übersetzung ins Wuppertalerische: »Hömma, die Fächkœlläj kannße dann abɔ selbɔ wechmachœn, woll?«)

3. November 39 225 v. Chr. 11 Uhr 22:
Der erste Mehrfachfahrkartenautomat in der Station Adlerbrücke wird entdeckt

»Ugh ughughugh ugh!«

Übersetzung: »Ist es nicht höchst verwunderlich, dass drei Zehnerkarten dieses Beförderungssystems mehr kosten als eine Monatskarte?«

(Übersetzung ins Wuppertalerische: »Äj samma, dat glɔupßœ doch wohl selbɔ nich!«)

Tallywood[24]

Es gibt viele Filme über Wuppertal. Die meisten handeln von der Stadt selbst, um ihren Charakter und die Eigenheiten sowie die Menschen dort vorzustellen, also das Image von Wuppertal aufzuwerten oder historische Aufnahmen der heutigen Stadtteile zu dokumentieren.

Dies ist jedoch nicht alles! Das Interesse an Wuppertal als stimmungsvolle Kulisse für Kinofilme und Kunstprojekte darf nicht übersehen werden! Namhafte Regisseure wie Wim Wenders und Tom Tykwer beispielsweise haben Wuppertal in den letzten Jahrzehnten immer wieder als Handlungshintergrund in den Vordergrund geschoben.

Hier chronologisch eine Auswahl an Filmen, die in Wuppertal gedreht wurden und weltweit bzw. landesweit bekannt geworden sind:

- *Alice in den Städten*, 1974, Buch und Regie Wim Wenders mit Yella Rottländer, Rüdiger Vogler und Lisa Kreuzer

  Der junge Journalist Philip Winter, der die USA bereiste, um eine Story für eine Münchner Zeitung zu schreiben, trifft am Flughafen von New York die neunjährige Alice und ihre Mutter, die ebenfalls nach Deutschland fliegen möchten. Wegen Fluglotsenstreiks und anderen misslichen Umständen fliegt Winter schließlich allein mit dem Kind nach Amsterdam, um dort auf Alices Mutter zu warten, die jedoch nicht erscheint. Eine Reise auf der Suche nach Alices Oma beginnt, genauer gesagt, zunächst suchen die beiden intensiv die Straßen von Wuppertal nach dem Haus der Großmutter ab. Im Laufe der Geschichte fahren die beiden schließlich weiter ins Ruhrgebiet, wo sie das gesuchte Haus tatsächlich finden.

  Interessant ist an dem Film, dass außer New York und ein paar Ansichten von Amsterdam Wuppertal als Ort

---

[24] Tallywood = Hollywood im Tal

der Handlung eine äußerst wichtige Rolle spielt, ebenso weit mehr als einzelne Schauplätze im Ruhrgebiet. Das facettenreiche Gesicht der Stadt wird ungeschminkt wiedergegeben und bringt so eine besondere Stimmung in den Film. Der Zuschauer wird neugierig, denn die außergewöhnlichen Elemente der Stadt, allen voran die Schwebebahn, werden hier als selbstverständliche Kulisse in Kauf genommen. Wer schon einmal in Wuppertal gewohnt hat, dem fällt vermutlich das Außergewöhnliche der Stadt in diesem Film gar nicht auf, doch ist Wuppertal alles andere als unauffällig!

- *Die Klage der Kaiserin*, 1990, Buch und Regie Pina Bausch, mit dem Ensemble des Wuppertaler Tanztheaters

  Ein Stück von Pina Bausch, das nicht nur auf der Bühne spielt, sondern seine Szenen auf die Stadt Wuppertal ausbreitet. Typische Schauplätze der Stadt dienen als Kulisse für ungewöhnliche Handlungen, sei es in der Schwebebahn, den Barmer Anlagen oder anderen Örtlichkeiten. Auch hier gilt wieder die Selbstverständlichkeit der Stadt mit ihren persönlichen Eigenheiten, die sogar mühelos das außergewöhnliche Handeln des Ensembles in sich aufnimmt und zu einem Teil von Wuppertal werden lässt. Stadt und Wuppertaler Tanztheater verschmelzen zu einer erstaunlichen Einheit.

- *Manta Manta*, 1991, Regie Wolfgang Büld, Buch Stefan Cantz, mit Til Schweiger, Tina Ruland und Stefan Gebelhoff

  Eine Actionkomödie mit dem Kult um den Opel Manta als Rahmenhandlung, die in Teilen Wuppertals spielt, jedoch mit Schauplätzen aus dem Ruhrgebiet verschmilzt. Dennoch: Der Charakter der steilen Straßen Wuppertals und die lang gezogene Talstraße sind nicht zu übersehen.

- *Der Krieger und die Kaiserin*, 2000, Buch und Regie Tom Tykwer, mit Franka Potente, Benno Fürmann und Joachim Król.

  Dramatische und gleichzeitig romantische Geschichte, die Wuppertal als stimmungsvolle Kulisse zeigt, ohne deren Charakter der Film an Spannung, Emotion und Persönlichkeit verlieren würde. Zwischen den Zeilen der Handlung kann dieser Film gewissermaßen als Liebeserklärung an Wuppertal verstanden werden.

- *Pina*, 2011, Regie (und Buch) Wim Wenders, mit Pina Bausch und Mitgliedern des Wuppertaler Tanztheaters

  Ein dokumentarischer Tanzfilm als Hommage an die verstorbene Pina Bausch. Mitglieder und ehemalige Ensemblemitglieder des Wuppertaler Tanztheaters führen die für sie wichtigsten Szenen auf, die sie persönlich mit Pina Bausch verbinden. Hierbei verschmelzen wieder Wuppertaler Schauplätze mit den Handlungen der Tänzer. Wuppertal ist die Heimat des Tanztheaters von Pina Bausch.

Diese Filme sind nicht als Imagedarstellung von Wuppertal gedreht worden, sondern als eigenständige Werke, die Wuppertal als Kulisse verwenden. Sie geben dem Zuschauer jedoch einen idealen Einblick in Aussehen und Charakter der Stadt[25].

---

[25] Entgegen oftmals vorgetragener, jedoch falscher Behauptungen wurden folgende Filme NICHT in Wuppertal gedreht: Rain Man, Am Tag, als der Regen kam, Und dann der Regen, Schwarzer Regen, Regen, Erster Regen, Zweiter Regen, Dritter Regen, Dauerregen, Erzähl mir vom Regen, Auch der Regen, Die Flut, Die große Flut, Das Boot, Der Sumpf, Das Ding aus dem Sumpf.

4. Die Schwebebahn

Unirdisch goldenes Licht fällt durch den sich öffnenden Torbogen. Parsi muss geblendet die Augen schließen. Als er sie nach einer Weile wieder öffnen kann, ist das Tor ganz weit offen und ermöglicht einen Einblick in den Burghof.

Er erwartet das typische Innenleben einer Burg, mit einem rechteckigen Innenhof und umliegenden Mauern.

Stattdessen sieht Parsi einen zweistöckigen Gebäudeklotz, dessen optischer Eindruck von grünmetallenen Querstreben dominiert wird. Rechts und links davon wabert golden leuchtender Nebel und verhüllt die Existenz möglicher weiterer Gebäude. Ein breiter Eingang lädt zum Eintreten, rechts und links führen zwei Treppenaufgänge nach oben.

Über allem schwebt eine seltsame Konstruktion, ein lindgrünes Gerüst, das seine Stützen ausgefahren hat wie ein UFO seine Landefüße.

So etwas hat Parsi noch nie gesehen. Wenn er die Treppen hinaufgeht, kommt er näher an dieses seltsame Gerüst heran. Er muss es sich unbedingt aus der Nähe anschauen!

In diesem Moment hört er hinter sich ein Geräusch. Er kann es nicht identifizieren, aber es klingt ungut.

Wenn das ein Tier ist, denkt er und bekommt eine Gänsehaut, dann sollte ich schleunigst hier verschwinden.

Eilig betritt er das Gebäude. Über ihm befindet sich eine Leuchtanzeige mit roter Schrift: *Nach Oberbarmen in 2 Minuten. Folgezug in 7 Minuten.*

Gegenüber vom Eingang sind zwei seltsame, futuristisch anmutende Paneele mit riesigen Bildschirmen in die Wand eingelassen. Er hat keine Ahnung, was sie bedeuten, deshalb wendet er sich zur rechten Treppe und will hinaufgehen, als er erneut das Geräusch vernimmt. Diesmal ist es ganz nah. Es kommt aus dem Nebel hinter ihm her. Parsis Magen verkrampft sich.

Er schaut sich um: Wohin soll er flüchten? Dieses Gebäude hat keine Türen. Alles ist frei zugänglich.
Im Nebel bewegt sich etwas. Ein Schatten kommt näher – ein großer Schatten. Dieser Schatten macht das Geräusch – es ist eine Mischung aus Fauchen und Atmen durch eine verstopfte Nase. Parsis Beine werden ganz weich.

Der Nebel teilt sich und spuckt eine bizarre Erscheinung aus. Vor Parsi steht – auf allen Vieren – ein Wesen, das so verschrumpelt aussieht wie ein Gnom, allerdings in der Größe eines Rottweilers. Es hat eine graue Haut, riesige leuchtend blaue Augen, spitze Ohren und eine Schweinchennase mitten im Gesicht, durch die es anscheinend nur schwer Luft bekommt. An Fingern und Füßen trägt es gewaltige Krallen. Es grinst, und aus seinem Mund tropft bei Parsis Anblick erwartungsvoller Sabber.

Parsi drückt sich rückwärts an die silbernen Paneele und glaubt sein letztes Stündlein gekommen.

In diesem Moment spricht ihn eine gewaltig-fettig klingende Stimme an.

»Getz mach dich ma nich in'nt Hemd, woll, dä tut nix«, sagt die Stimme. »Dat siehßœ[26] doch, dä will nuɔ[27] spieœln.«

Parsi wagt es einzuatmen. Daraufhin beginnt die sabbernde Kreatur vor ihm bedrohlich zu knurren.

Aus dem Nebel tritt ein weiteres Wesen. In Anbetracht der Größe und Tiefe dieser Stimme hat Parsi die Gestalt nicht erwartet, die er vor sich sieht. Es ist eine schmale Frau in einem blauen Overall. Sie hat ein Gesicht wie die runzlige Haut von Fallobst und ebenso bräunlich, auf der Oberlippe trägt sie einen dichten schwarzen Bart. Die Frau ist circa 1,50 m groß und so dünn wie ein Bleistift. Auf welche Weise sie das Volumen ihrer Stimme produziert, ist völlig unklar.

»Getz lass dat ma, Collym«, sagt sie zu der Kreatur. »Sitz.«

Das so angeredete Tier wirft ihr einen verschlagenen Blick zu, wendet sich wieder zu Parsi um und knurrt eine Tonlage tiefer.

»Dat hattä nonnie gœmach«, sagt die Frau mit überzeugend vorgetragener Überraschung. »Dat vɔsteh ich getz nich. Waaschäjinlich hassuœn propplämmatischœn Karracktɔ, dat merchkœn Tierœ sofɔcht.«

Parsi wünscht sich nichts sehnlicher, als dass die Frau ihr Haustier endlich unter Kontrolle bekommt. Über seinen Charakter möchte er mit ihr an dieser Stelle wirklich nicht diskutieren. Auch nicht über den Charakter des Haustiers, den er, ehrlich gesagt, für deutlich problematischer hält als den seinen.

Die Frau tritt näher und greift der Kreatur namens Collym ins Halsband. Parsi wagt auszuatmen. Collym knurrt noch einmal eine Tonlage tiefer, woraufhin die Frau ihm einen Ruck zuteil werden lässt, der ihn und sie gleichermaßen beinahe von den Füßen reißt. Das Viech legt den Kopf schief, winselt und schaut sie unterwürfig an.

---

[26] Wir erinnern uns: œ wie ö in Hölle ...

[27] Wir erinnern uns weiter: ɔ wie o in Bob ...

»Sissœ«, sagt die Frau zu Parsi. »Dä tut gaa nichz.«
Dann begutachtet sie ihn mit schiefgelegtem Kopf, wie die
Kreatur sie: »Wat machßu äjng-klich hiɔ? Drücksich annœ
Automa'œn rum wiœn Vɔbrechɔ!«
»Ich – äh«, sagt Parsi, während die Kreatur ihn nicht aus den
Augen lässt, »ich – äh –«
»Bœvoɔ du na oom-m gehß, mussön Faaschäjn zieœn,
hömma«, erklärt die Frau. »Hasse Kläjngeld?«
Parsi hat keine Ahnung, wovon sie spricht, zückt aber sein
Portemonnaie, wobei er sich an die Geschichte mit Husch
Husch erinnert, und sucht. Hoffentlich trifft ihn nicht wieder
eine Tasche am Ohr. Aber besser eine Tasche am Ohr als
Collyms Zähne im Bein. Collym sabbert und knurrt, und Parsi
beeilt sich. Er findet zum Glück etliche Centstücke, was er der
kleinen Frau eifrig mitteilt.
Die runzelt auf unglaubliche Weise die Stirn: Alle Falten
verlagern sich nach oben.
»Näääthäääät«, sagt sie. »Mit Zentt gippat käjn'n. Dat koss'
schommwat meɔ. Wäjßœ denn, Jong, wo de übbɔhɔup
hinwillz?«
»Keine Ahnung«, sagt Parsi. »Ich weiß ja überhaupt nicht,
was das hier ist!«
Die Frau reißt ungläubig die Augen auf.
»Is getz nichain Eɔnst«, seufzt sie. »ɔuch dat noch. So äjn'n
bissu also. Naja, œt waa ja proffezäjt.«
Dann beginnt sie zu kichern, immer lauter und lauter, bis sie
durch ihr eigenes Gelächter beinahe von den Füßen gerissen
wird. Der Hund, falls es sich denn bei diesem Lebewesen
überhaupt um einen solchen handelt, wird hektisch und läuft
im Kreis um Parsi herum, wobei er knurrt und lange Sabber-
fäden um sich schleudert.
»Nää, nœ? Dat glɔuppich getz ächt nich, dattu dat nich
wissœn tuuß«, quiekt die Frau, ohne die Bedrohung Parsis zu
beachten. »Schwebœbahn, Blötschkopp, dat issœ Schwebœbahn! Et Waazajchœn von Wuppɔtal! Dein Schicksahl eɔfüllt
sich hiɔ, wennzœ wäjs, wattich mäjn'n tu! Gimma zwäj Öjro
dräjßsich Zentt, dann ziehich dijœn Faaschäjn.«

Parsi, der nicht weiß, was sie meint, gehorcht automatisch. Er hat schon herausgefunden, dass man der Wuppertaler Bevölkerung besser nicht widerspricht. Sein Schicksal erfüllt sich hier? Was wurde prophezeit? Dass ihn eine absonderliche Kreatur beißt und er sich danach in Vollmondnächten in einen Werwolf verwandelt? Das klingt recht plausibel.

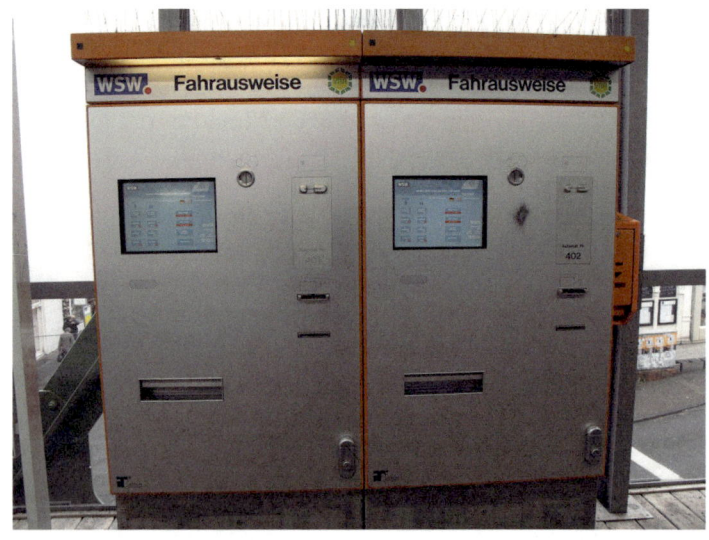

Die kleine Frau nähert sich ohne Scheu den silbernen Paneelen und drückt eine Taste auf dem Bildschirm, der mit einem melodiösen *Pling* hell wird. Unverständliche Symbole leuchten auf, kombiniert mit Preisangaben. Die Frau drückt verschiedene Tasten. Irgendwann erscheint etwas im Display, was sie mit einem erneuten Tastendruck quittiert.

Aha, denkt Parsi, dann ist das wohl ein Fahrscheinautomat?

Die winzige runzlige Frau steckt wie zur Bestätigung das Geld in einen Schlitz. Man hört es durch den Automaten hindurchrollen, bis es unten wieder ausgeworfen wird. Sie wirft es ebenso hartnäckig wieder ein, wobei sie in ihrem merkwürdigen Dialekt auf unverständliche, aber blumig klingende Weise zehn Minuten lang flucht. Irgendwann nimmt sie die Münze, spuckt darauf und wirft sie mit einer Verwünschung, die sich gegen die Kinder und Kindeskinder des Automaten richtet, wieder ein. Parsi hält den Atem an. Der Automat macht ein Geräusch, das wie ein Rülpsen klingt, aber die Münze bleibt drin.

»Dat hüllf immɔ«, sagt die kleine Frau triumphierend.

Ein großer Schlitz im unteren Drittel des Automaten leuchtet auf, und ein Stück Papier fällt auf magische Weise hinein.

»Sɔ. Getz kömmwɔ na oom geœn«, kündigt die kleine Frau an. »Du mussattann noch stämpœln.«

Parsi hat nicht die geringste Ahnung, wovon seine neue Freundin spricht. Es bleibt ihm nichts anderes übrig, als Vertrauen zu haben. Warum auch nicht. So seltsam die Wuppertaler sein mögen und mit welch unhöflichen Bezeichnungen sie ihn auch immer zu bedenken pflegen, sie sind hilfreich. Man kann sich tatsächlich auf sie verlassen. Wenn sie einen auf einem nebligen Weg begleiten, dann ist man vielleicht nicht in der exquisitesten Gesellschaft, aber man wird nicht fehltreten. Das ist ungemein beruhigend, denn Parsi kann sich nicht erinnern, jemals etwas so Bizarres erlebt zu haben wie hier.

Vielleicht muss die Kreatur ja unten bleiben?

Hoffnungsvoll schielt Parsi auf Collym, der nach wie vor sabbernd und knurrend vor den Automaten sitzt und seine blauen Augen nicht von ihm abwendet.

Parsi versucht Distanz zur Kreaturbesitzerin abzubauen:

»Wie heißen Sie eigentlich?«

Die Frau sieht ihn abschätzend an.

»Dänniss Schmidt«, antwortet sie dann. »Undu bissä Pachßi Waal. Auf dich hammwɔ gewachtœt, wäjßœ.«

Schwebebahnersatzverkehr

Wuppertal hat sie, die weltberühmte Schwebebahn. Damit Wuppertal sie noch länger hat, muss sie auch instandgehalten werden. Das ist die Stunde des Schwebebahnersatzverkehrs.

Ja, das sind nur so klitzekleine Ausbauarbeiten, die an etwa 50 Wochen im Jahr stattfinden – die fallen gar nicht auf.

Und der Schwebebahnersatzverkehr bietet einzigartige Kennenlern- und Körperkontaktmöglichkeiten. Die Fahrt im Bus wird gern zu lustigen Spielen genutzt: z.B. das »Heitere Fusel-fahne-Raten«, »Knoblaucherkennung für Fortgeschrittene«, »Welcher Ellbogen steckt in meinen Rippen« oder »Welches Deo hab ich nicht benutzt?«. Außerdem besteht keine Verletzungs-gefahr für die Reisenden, weil man nicht umfallen kann, auch wenn man umfallen möchte.

Manchmal kommt es deshalb auch zu einer ungewollt-spaßigen Verlängerung der Fahrt. Man möchte sich von seinen Mitreisenden einfach nicht mehr trennen, so wie bei den Ölsardinen. Die steigen auch nie freiwillig aus ihrer Dose aus.

Kurz und gut: Die Wuppertaler lieben ihren Schwebebahn-ersatzverkehr. Schon der bekannte mittelalterliche Lyriker Walther von der Vogelweide ließ sich (weiland noch zu Zeiten der Straßenbahn) von ihm zu folgendem kleinen Gedicht inspi-rieren:

> In Wuppertal liebt man ihn sehr,
> den Schwebebahnersatzverkehr.
> Doch mancher grübelt viele Stunten:
> Die Gleise sind statt oben – unten!

Berühmte Schwebebahnpassagiere: Stephen Hawking

... fand 1977 heraus, dass Barmen und Elberfeld durch ein n-dimensionales Wurmloch mit einer Länge von 1,732 Lichtjahren miteinander verbunden sind, dessen Passage allerdings 8 Minuten kürzer als die Fahrt mit der Schwebebahn ist. Um wirtschaftliche Einbußen zu verhindern, stellten die Wuppertaler Stadtwerke am Eingang zum Wurmloch einen Fahrscheinautomaten auf und setzten den Preis 80 Pfennig höher an als den für die Schwebebahnfahrt.

Wanderer, kommst du nach Wuppertal

Wuppertal hat etwa 350 000 Einwohner, die gesamte Erde etwa 7 Milliarden. Daraus folgt, dass wesentlich mehr Leute außerhalb Wuppertals wohnen als drinnen. Für diese etwa 6 Milliarden 999 Millionen 650 Tausend Menschen umfassende Bevölkerungsgruppe seien im Folgenden in diesem Buch einige Hinweise für den Umgang mit Wuppertalern aufgeführt. Unter anderem auch, um die Zielgruppe der möglichen Buchkäufer zu vergrößern.

1. Die Aussprache des Wortes »Wuppertal«

Bitte versuchen Sie nie, das Wort »Wuppertal« wie ein Einheimischer auszusprechen. Aufgrund einer anatomischen Besonderheit des Sprechapparates der dortigen Bevölkerung entstehen Klänge, für die man sogar Sonderzeichen wie ɔ oder œ braucht. Sie *können* diese Klänge nicht nachmachen. Es geht einfach nicht[28]. Sprechen Sie »Wuppertal« auf hochdeutsch oder in Ihrem Lokaldialekt, und mischen Sie genau die richtige Menge ehrfürchtige Bewunderung mit hinein.

2a. Die Schwebebahn

Sagen Sie: »Oh, toll!«. Lassen Sie sich nichts anmerken. Die Schwebebahn schwebt nicht. Vergessen Sie Konzepte wie die Supraleitfähigkeit bei Zimmertemperatur, verdrängen Sie die

---

[28] Es würde doch nur wie das Hochwürgen eines verschluckten Tischtennisballs klingen.

Phasenverschiebung im Raum-Zeit-Kontinuum, denken Sie nicht einmal im Traum an eine Schwerkraftüberwindung durch Materie/Antimaterie-Abstoßung. Rein technisch betrachtet handelt es sich um eine Einschienen*hänge*bahn, und die ist so uralt, dass sie schon seit Jahrhunderten unter Denkmalschutz steht. In all den Jahrhunderten sind auch mal EINIGE WENIGE Unfälle vorgekommen, die Sie BESSER NICHT erwähnen sollten. Kapiert? Machen Sie ein Gesicht, als ob Sie gerade vom Achten Weltwunder erfahren hätten, pfeifen Sie ein lustig' Liedlein und gehen Sie Ihrer Wege.

2b. Der Fotobeweis

Sie glauben das mit der Schwebebahn nicht? Hier ist der Fotobeweis:

Diese 1901 anläßlich der 200-Jahrfeier der Schwebebahn angefertigte Aufnahme zeigt nicht nur den erdverhafteten Trambahnschaffner Johannes Blötschke neben seinem Wagen Nummer 5 »Dicke Berta«, nein, dem aufmerksamen Betrachter entgeht auch nicht, dass der Schwebebahnwagen Nummer 3 »Das

Land und der Ozelot« an ganz *stinknormalen Rädern* hängt, die auf offensichtlich nicht geschickt genug verborgenen Schienen laufen.

3a. Böse Falle: Wuppertal liegt im Ruhrgebiet

Aber nur, wenn Sie sich Feinde in Wuppertal machen wollen. Wuppertal liegt nicht im Ruhrgebiet. Wuppertal liegt meinetwegen im Voralpenraum, am Ostseestrand oder im Himalaya, aber **NICHT** im Ruhrgebiet. Verstanden?

Die Antwort darauf lautet: »**Im Bergischen Land!!!!**«

Nochmal: Bitte verwenden Sie niemals gegenüber einem Wuppertaler das *R-Wort*.

3b. Richtig: Wuppertal liegt im Bergischen Land

Haben Sie versehentlich angedeutet, Wuppertal würde im Ruhrgebiet liegen, werden Sie innerhalb von fünf Sekunden bei Ihrem Wuppertaler Gegenüber folgende Krankheitsymptome feststellen:

- Gesichtsblässe
- Akute Luftnot
- Flatternder Puls
- Blutdrucksteigerung

Das bedeutet: Ihr Gegenüber wird innerhalb der nächsten dreißig Sekunden einen schweren Nervenschock erleiden, wenn Sie nicht sofort Gegenmaßnahmen einleiten. Leisten Sie Abbitte, bevor es zu spät ist.

Kommt es dagegen zu Blutdruckabfall und Schnappatmung, dann ist es bereits zu spät. Ihr Gegenüber leidet an akutem Schlagfluss, an Herzgeklemme oder Lungenlähmung. In dieser hochdramatischen Notfallsituation können Sie Ihr Gegenüber nur durch Absingen aller Strophen des Bergischen Heimatliedes retten. Für solche Notfälle ist es hier abgedruckt:

Wo die Wälder noch rauschen, die Nachtigall singt,
die Berge hoch ragen, der Amboss erklingt.
Wo die Quelle noch rinnet aus moosigem Stein,
die Bächlein noch murmeln im blumigen Hain.
Wo im Schatten der Eiche die Wiege mir stand,
da ist meine Heimat, mein Bergisches Land.
Da ist meine Heimat, mein Bergisches Land.

Wo die Wupper wild woget auf steinigem Weg
An Klippen und Klüften sich windet der Steg.
Wo der rauchende Schlot und der Räder Gebraus,
die flammende Esse, der Hämmer Gesaus
Verkünden und rühmen die fleißige Hand:
Da ist meine Heimat, mein Bergisches Land.
Da ist meine Heimat, mein Bergisches Land.

Wo die Schwerter man schmiedet dem Lande zur Wehr,
wo's singet und klinget dem Höchsten zur Ehr,
wo das Echo der Lieder am Felsen sich bricht,
der Finke laut schmettert im sonnigen Licht,
wo der Handschlag noch gilt als das heiligste Pfand,
da ist meine Heimat, mein Bergisches Land.
Da ist meine Heimat, mein Bergisches Land.

Wo so wunderbar wonnig der Morgen erwacht,
im blühenden Tale das Dörfchen mir lacht,
Wo die Mägdlein so wahr und so treu und so gut,
Ihr Auge so sonnig, so feurig ihr Blut,
Wo noch Liebe und Treue die Herzen verband:
Da ist meine Heimat, mein Bergisches Land.
Da ist meine Heimat, mein Bergisches Land.

Keine Rebe wohl ranket am felsigen Hang,
kein mächtiger Strom fließt die Täler entlang.
Doch die Wälder sie rauschen so heimlich und traut,
ob grünenden Bergen der Himmel sich blaut,
drum bin ich auch weit an dem fernesten Strand:

Schlägt mein Herz der Heimat, dem Bergischen Land.
Da ist meine Heimat, mein Bergisches Land.
Da ist meine Heimat, mein Bergisches Land.

Wo den Hammer man schwinget, mit trotziger Kraft,
da schwingt man die Schwerter auch heldenhaft,
wenn das Vaterland ruft, wenn das Kriegswetter braust,
hebt kühn sich zum Streite die bergische Faust,
dem Freunde zum Schutze, dem Feinde zur Schand,
mit Gott für den Kaiser, fürs Bergische Land!
Mit Gott für den Kaiser, fürs Bergische Land!

4. Tuffi

Das **T-Wort**. Sollte ähnlich wie das R-Wort nicht verwendet werden. Letztlich liegt dem ganzen Rummel nur eine harmlose Begebenheit zugrunde. Ein Elefant namens Tuffi fuhr am 21.7.1950 in einem Wagen der Wuppertaler Schwebebahn, als Reklame für einen bekannten Zirkus. Der Elefant bekam Panik, durchbrach ein Fenster und sprang in die zehn Meter tiefer liegende Wupper. Glücklicherweise hat sich das Tier beim Sprung nicht verletzt. Die Wupper auch nicht.

Es kam, wie es kommen musste: Der Zirkusdirektor und der verantwortliche Leiter der Verkehrsabteilung der Wuppertaler Stadtwerke erhielten Geldstrafen wegen Transportgefährdung. Und es wurde gerichtlich geklärt, dass die Schwebebahn als Transportmittel für Elefanten ungeeignet sei.

5. Loriot

Es gibt einen Sketch des unvergessenen Loriot. Darin kommt Wuppertal vor. Ihr Gegenüber kennt den Sketch. Vermutlich besser als Sie. Null Punkte.

6. Lachen

Wenn Ihr Gegenüber zu erkennen gibt, dass es aus Wuppertal kommt, lachen Sie nicht. Auch wenn Ihnen gerade danach zumute ist. Nötigenfalls halten Sie die Luft an, signalisieren Sie ein dringendes Bedürfnis, und verlassen Sie den Raum. Außer natürlich, Sie tragen Schienbeinschützer. Dann geht's.

7. Der Zug

Sie waren schon mal in Wuppertal. Sie sind mit dem Zug durchgefahren. Klar. Fast jeder ist schon mal mit dem Zug durch Wuppertal gefahren, exakt 96,7% der deutschen Bevölkerung. Fast jeder ist dort auch nicht ausgestiegen. Wiederum 96,7%. Das ist kein Zufall! Erwähnen Sie es im Gespräch mit einem Wuppertaler nicht. Er wird mutmaßen, Sie hatten einen Grund, dort nicht auszusteigen. Und schlimmer: Damit hat er recht.

8. Über die Wupper gehen

Der Ursprung dieser Redensart verliert sich im Nebel der Geschichte. Das Amtsgericht auf der anderen Seite der Wupper, der Umzug verarmter Fabrikanten auf die sonnenarme Seite des Tals, der fehlende Friedhof auf der Südseite der Wupper, die Flucht vor der Zwangsrekrutierung durch Friedrich Wilhelm I. und etwa 200 weitere Deutungsversuche sind hinlänglich bekannt. Erwähnen Sie diese Redensart gegenüber einem Wuppertaler nur dann, wenn Sie neue Erkenntnisse haben, die zur Ursprungsfindung dienlich sind (zum Beispiel, weil Sie dieses Buch aufmerksam durchgelesen haben). Oder wenn Sie selbst über die Wupper gehen wollen.

9. Was hält einen in Wuppertal?

Sie denken spontan an eine Fußfessel, eine mehrjährige Freiheitsstrafe oder an beide Beine in einem Eimer voller Beton? Wenn Sie klug sind, behalten Sie diese Gedanken für sich. Die Wupper ist voller Betoneimer, aus denen algenbedeckte Unterschenkelknochen ragen ...

10. Schon wieder die Schwebebahn

Vergleichen Sie Ihr Gegenüber nicht mit der Schwebebahn. Auch wenn Assoziationen mit Hängelidern, Hängebacken, Hängebusen oder Hängebauch diesen Gedanken aufdrängen und Sie zu humorvollen Wortspielen herausfordern.

11. Eigentlich ganz nett

Das Wort »eigentlich« sollten Sie eigentlich besser nicht erwähnen. Zumindest nicht im Zusammenhang mit Wuppertalern. Auch wenn diese *eigentlich* ganz nett sind.

Kottenbutter

Man nehme:

- *eine Scheibe körniges Vollkornbrot*
- *etwas Butter*
- *einige dicke Scheiben geräucherte Mettwurst (die sogenannte »Kottenwurst«)*
- *Senf*
- *einen Haufen Zwiebelringe*
- *und noch eine Scheibe körniges Vollkornbrot*

Nun werden die Zutaten in umgekehrter Reihenfolge der Zutatenliste übereinander geschichtet. Das Resultat muss so aussehen:

- und noch eine Scheibe körniges Vollkornbrot
- einen Haufen Zwiebelringe
- Senf
- einige dicke Scheiben geräucherte Mettwurst (die sogenannte »Kottenwurst«)
- etwas Butter
- eine Scheibe körniges Vollkornbrot

Das ist eine Arbeit, die viel Erfahrung und Konzentration verlangt und deshalb am besten nicht durch dumme Kommentare von irgendwem gestört werden sollte. Denn eine Verwechselung der Schichten aufgrund eines »Nimm dir aber ja einen Teller mit!!!« kann das ganze Geschmackserlebnis gefährden.

Daher bietet sich Kottenbutter als leckeres Zwischendurchgericht an, wenn die Ehefrau außer Reichweite ist und gerade Fußball im Fernsehen kommt. Als Beilage schmecken eingelegte Gurken dazu.

Weil Kottenbutter aber durch den hohen Vollkornbrotanteil auf der Couch krümelt wie blöde, und weil die Ehefrau gerade eben gesaugt hat, steht uns ein Donnerwetter ins Haus, wenn besagte ins Selbige kommt. Daher genehmigen wir uns vorsorglich mal ein Bier und einen Korn dazu. Oder auch zwei. Man weiß ja nicht, was noch nach kommt, woll?

Wuppertaler Humor ♕♕♔♔♔

Ich bin mit meiner Freundin bei ihrem Bruder eingeladen. Es regnet heftig und ist eiskalt (Wuppertaler Wetter), wir sind froh, ins Warme zu kommen. Wenig später klingelt ein weiterer Gast: Die Mutter der beiden ist angekommen. Der Bruder meiner Freundin öffnet die Tür, grinst breit und sagt: »Na, Müttɔkœn, wat stehßœ bäj dem Wettɔ vor dœ Tüɔ, mach wackɔ, dattœ widdɔ na Hɔusœ komms!«

Wuppertaler Mundart: ♕♕♕♕♕
Modalpartikel

Kennen Sie Modalpartikel? Den Begriff haben Sie vielleicht noch nicht gehört, aber mit dem, was er darstellt, wurden Sie in Ihrem Leben sicher tausende Male überhäuft. Beispiel: Sie kommen nach Bayern oder Österreich. Dort freuen Sie sich, wenn jemand am Satzende liebenswürdig mit einem klingenden *gell* um Ihre Zustimmung wirbt. Die deutsche Sprache ist – im Gegensatz zu vielen anderen Sprachen, beispielsweise französisch – reich an Modalpartikeln. Die Wuppertaler haben natürlich auch eins, nur dass sie damit nicht charmant um Zustimmung werben. Und es klingt auch nicht hell. Wenn Ihnen ein Wuppertaler sein *woll* oder *nœ* um die Ohren haut, dann haben Sie gefälligst seiner Meinung zu sein, und zwar flott. Manche Wuppertaler beenden jeden halben Satz mit diesem Modalpartikel. Sie sind doch jetzt nicht anderer Meinung, woll!

Die Dröppelminna ♕♕♕♕♕

Wir leben in modernen Zeiten. Heutzutage hat fast jeder einen Computer[29], einen Tablet-PC[29] oder ein Smartphone[29]. Wenn man dort »http://de.wikipedia.org/wiki/Dr%C3%B6ppelminna« eingibt, dann erscheint folgender Text:

---

[29] Die Verwendung dieses Wortes erfolgt mit freundlicher Unterstützung des *Wuppertal Institute for unnecessary Anglicisms* (WIfuA).

Kranenkanne
(weitergeleitet von Dröppelminna)

Die Kranenkanne, regional umgangssprachlich auch Dröppel-mina (Bergisches Land, von Dröppel für Tropfen und Mina für Wilhelmine, die Hausdienerin), Dröppelminna (Nordwest-deutschland) oder Dreckpott (im Saterland) genannt, war eine bauchige Kaffeekanne mit drei Füßen, später mit einem Fuß, und einem oder mehreren Zapfkränchen. Sie wurde aus verschiedenen Materialien hergestellt, am häufigsten aber aus Metall, vor allem aus Zinn. Um den Kaffee warm zu halten, wurde unter die dreifüßige Kanne ein Stövchen gestellt. Aufgebrüht wurde der Kaffee in einem anderen Gefäß.

Die Kranenkanne gelangte wahrscheinlich über Holland im 18. Jahrhundert nach Norddeutschland und ins Bergische Land. Seit das Kaffeetrinken im 19. Jahrhundert erschwinglicher und beliebter wurde, rückte die Kaffeekanne stärker in den Mittelpunkt des gedeckten Tisches. Diese Kaffeekanne hatte jedoch einen Nachteil: Der in der Kanne verbleibende Kaffeesatz – Kaffeefilter waren noch unbekannt – verstopfte nach dem ersten Aufdrehen den Ausguss und musste dann mit Hilfe eines Federkiels o.ä. gereinigt werden. Der Kaffee floss nicht mehr in die Tasse, er tropfte (er»dröppelte«). Dies und ihre rundliche, angeblich an eine Hausmamsell erinnernde Form, verhalf dieser Kanne regional zu dem Beinamen»Dröppelminna«.

Nach 1825 wurden die Kranenkannen allmählich durch andere Kannen mit Ausgusstülle verdrängt.

Die Dröppelminna ist von den Perkolatoren zu unterscheiden, die in ihrem Inneren einen Kaffeefilter und ein Steigrohr haben und Vorläufer der modernen Kaffeemaschine sind.

Siehe auch: Samowar

Quellen:
- *Hermann Kaiser: Der große Durst. Von Biernot und Branntweinfeinden, rotem Bordeaux und schwarzem Kaffee. Trinken und Getränke zwischen Weser und Ems im 18./19. Jahrhundert, Cloppenburg 1995 ISBN 3-923675-55-0*

- *Andrea Jungbluth-Zehnpfennig: Einladung zur Bergischen Kaffeetafel. Kafeetrinken »met allem dröm on draan«, Gaasterland-Verlag, Düsseldorf 2009 ISBN 978-3-935873-35-2*

Diese Seite wurde zuletzt am 18. Februar 2011 um 18:04 Uhr geändert.

Koffedrenken met allem Dröm on Dran

Wie erklärt man einem Auswärtigen, was eine Bergische Kaffeetafel ist?
Das ist gar nicht so einfach.
Eine Freundin von »auswärts« äußert die Vermutung, dabei gebe es doch sicher »Berge« von Torten?
Ich muss sie enttäuschen.
Torten sind überhaupt keine dabei.

Stattdessen gibt es viel Kram auf dem Tisch. Zum Beispiel jede Menge Schüsseln mit interessantem Inhalt: Quark, Milchreis mit Zimt und Zucker, Honig, gedünstete Sauerkirschen und Apfel- oder Rübenkraut.

Und Körbchen: mit Korinthenstuten, Schwarzbrot, Roggenbrot, Gusszwieback und Burger Brezeln (meine Freundin denkt bei Burger an eine große Fastfood-Kette, aber sie liegt falsch: Die Brezeln haben ihren Ursprung im Solinger Ortsteil Burg).

Manchmal steht auch ein Rodonkuchen dazwischen.
Und Bleche mit Waffeln, eine Schale mit Butter.

Und dann kommt etwas, was meine Freundin stutzen lässt – Leberwurst, Schinken und Schnittkäse.

Wie? Süßes – und Salziges? Genau.

Koffedrenken met allem Dröm on Dran nennt man das im Bergischen, Übersetzung für alle Auswärtigen: Kaffeetrinken mit allem Drum und Dran.

Aber das Verblüffendste ist dieses Ding da in der Mitte – diese große bauchige Zinnkanne mit dem Hahn untendran.
Das ist doch jetzt nicht etwa – eine Kaffeekanne? Doch. Ist es.
Und die hat sogar einen Namen: *Dröppelminna.*

Diesen Namen hat die *Dröppelminna* zu einer Hälfte von dem in früherer Zeit gängigen Hausmädchennamen »Minna«. Und zur anderen Hälfte? Das weiß jeder, der schon einmal eine Dröppelminna in Aktion erlebt hat. Man kann sie zudrehen, wie man will: Sie ist eine echte Schönheit aus dem Bergischen Land und ebenso stur, und so dröppelt sie nach jedem Ausschenken Tropfen für Tropfen Kaffee auf die vorsichtshalber bereitgestellte Untertasse.

So – nun hat also meine Freundin an der Kaffeetafel Platz genommen und sich mit viel Begeisterung von der Dröppelminna Kaffee einschenken lassen.

Sie schaut verwirrt über die Tafel.

Und wie isst man das jetzt? Alles wild durcheinander?

Weit gefehlt.

Zunächst bestreicht man den Korinthenstuten mit Butter und Honig, darauf kommt der Milchreis mit Zucker und Zimt. Jetzt folgen die Waffeln. Danach isst man das Schwarzbrot mit Butter und Quark.

Die *herzlichen* Zutaten werden als letzter Gang genossen.

Gekrönt wird das Ganze mit einem *Kloaren*, einem bergischen Korn, oder einem Aufgesetzten.

Spätestens jetzt ist meine Freundin vollkommen überzeugt: Nein, Berge von Torten müssen es bei der Bergischen Kaffeetafel nicht sein – man wird auch so satt. Und hmmmmmmmm, es schmeckt ...

Halt – wir können noch nicht gehen, sagt meine Freundin. Ich muss noch einen letzten Kaffee aus der *Dröppelminna* trinken!

5. Das Mysterium der Kaffeetafel

Parsi atmet vorsichtig ein und wieder aus. Hat er das  richtig verstanden? Woher kennt sie seinen Namen? Wieso hat man hier auf ihn gewartet? Und bedeutet das, dass diese kleine Frau in Wirklichkeit ein Mann ist – oder heißen Frauen in dieser Gegend Dänniss? Was ist das überhaupt für ein Name? Dennis? Denise?

»Sie haben so eine gesunde Hautfarbe«, stottert er, weil ihm nichts einfällt.

Anscheinend war das richtig.

»Jou, ich geeou viiɔma innœ Wochœ ɔuffœ Sonn'nbank«, sagt – die Frau? – erfreut. »Wäjßœ, hiɔ innt Taal hammwɔ nich sovillœ Sonnœ. Da is man sons' immɔ so blass. Getz geœmwɔ ma zu dœ Stazzion rɔuf, woll.«

Sonnenbank – das erklärt manches, denkt Parsi, während er höflich lächelt.

Die Frau – Parsi hat das jetzt einfach mal so entschieden –
geht vor ihm die Treppe zur »Stazzion« hinauf.
Parsi atmet gerade auf, als die Frau energisch ruft:
»Vɔdommich, Collym, sitzzu ɔufœ Oɔɔn? Kommßœ getz wohl,
du Häjni?«
Eifrig läuft das abstoßende Tier hinter ihnen die Treppe hin-
auf. Es streckt die klauenbewehrte Hand aus und betastet
nachdenklich Parsis Wade, als ob es prüfen wolle, wie viel
Fleisch daran sei.
»Fui, Collym!«, brüllt Dänniss schneidend. »Dat is ekœlich!
Aus getz! Du al'œn Ferkœl du!«
Parsi schwankt zwischen Gekränktheit wegen dieser Anspra-
che und Erleichterung, dass das Tier seine Pfoten von ihm
genommen hat.
Er spürt Collyms bohrende Blicke in seinem Rücken, und ihm
wird ganz heiß vor Angst.
Oben stehen sie quasi auf Augenhöhe mit dem seltsamen
Schienenstrang, den Parsi von unten schon sehen konnte.
Die Station besteht aus zwei großen Plattformen mit Rinnen,
die aussehen wie abgesenkte Fahrspuren.
Parsi zuckt zusammen. Was ist das? Der ganze Bahnhof be-
ginnt zu beben. Von fern ertönt ein unheilvolles rollendes
Geräusch.
Parsi wirft sich auf den Boden und legt schützend die Arme
über den Kopf. Er hört Collym begeistert schmatzen, und
Sabber tropft in seinen Nacken, dann vernimmt er wieder das
scharfe »Fui!«. Das Biest wird mit einem Gewitter fluchhaft
ausgestoßener Kommandos von ihm weggerissen.
»Wa' machßu denn getz schommwiddɔ?«, ertönt die perplexe
Stimme seiner Wuppertaler Begleiterin.
»Ein Erdbeben!«, ruft Parsi. »Retten Sie sich!«
»Ej vɔrdorri nomma, du bis abɔ ächt œn Blötschkopp,
hömma«, kommt die kichernde Antwort. »Dat issoch bloßœ
Schwebœbahn. Ich glaubet nich, hömma! Da, getz kommtsœ.«
Parsi nimmt die Arme vom Kopf und richtet sich vorsichtig
auf. Tatsächlich! Aus dem gegenüberliegenden Bahnsteig
kommt ein unter seinen Schienen fahrender Zug an. Er hängt

mit großen Rollen an den Gleisen, und fährt auf diese Weise vorwärts. Übrigens ziemlich schnell.

Er hält ihnen gegenüber und öffnet mit einem schwungvollen Geräusch seine Türen. Es ist aber niemand im Zug und niemand auf dem Bahnsteig, der ein- oder aussteigen könnte.

Dann setzt der Zug sich wieder in Bewegung. Hinter der Station führen Schienen weiter in eine Wendeschleife. Schließlich kommt er auf Parsis und Dänniss' Bahnsteig an.

Die Schwebebahn sieht interessant aus. Große Fenster nehmen mehr als die obere Hälfte der Waggons ein, chamoisfarben eingefasst. Darunter befindet sich der mit orangefarbenem Lack abgesetzte, rotbraun kassettierte Korpus der Wagen. Auf den Flächen findet man Aufschriften wie »Raucher I« und »Raucher II«, »Nichtraucher« sowie »WSW«.

»Was heißt das?«, fragt Parsi und zeigt auf das Kürzel.

»Datt steht füɔ ›Wiɔ sinn Wuppɔtalɔ‹ «, antwortet Dänniss. Auf Parsis ungläubigen Blick nickt sie – er? – nachdrücklich.

Die Türen öffnen sich mit dem bereits bekannten Geräusch.

Parsi erhält einen Stoß in den Rücken.

»Nu stäjch äjn«, sagt Dänniss. »Dat issœ Käjsɔwagœn, den happich ickstra füɔ dich bœstellt. – Getz gehdet loss.«

Parsi gehorcht automatisch. Er fragt sich nur eine Sekunde lang, wie es sein kann, dass Dänniss ihn erwartet und für ihn diese Schwebebahn bestellt hat. Dann ist er schon wieder viel zu sehr mit Schauen beschäftigt.

Innendrin ist es – verglichen mit den üblichen Nahverkehrsmitteln – luxuriös. Die gestreiften, einander jeweils gegenüberstehenden Sitze sind velourbezogen. Dazwischen sind wie in einem Speisewagen kleine Tische heruntergeklappt.

Zu Parsis großem Bedauern sind Kreaturen in der Schwebebahn erlaubt. Collym betastet schon wieder seine Wade, und Dänniss haut ihm mit einem scharfen »Bäh!« auf die Pfote.

Dänniss führt Parsi zu einer großen runden Tafel hinter der Fahrerkabine. Dort stehen eine seltsam geformte silberne Kanne und zwei Tassen und Teller sowie Platten mit Waffeln, heißen Kirschen, Quark und Sahne, verschiedenen Sorten Brot und Schinken, Blut- und Leberwurst.

»Was ist das denn?«, fragt Parsi perplex. »Waffeln und Wurst?«

»Bergische Kaffeetafœl«, erklärt Dänniss beinahe geduldig. »Dat is bäj uns so. Süßœt un' Salzigœt. Leckɔ Essœn!«

»Dieses silbrige Gefäß sieht aus wie eine Wunderlampe«, sagt Parsi bewundernd.

Dänniss hält einen Moment inne und zögert, als wolle sie etwas sagen, bevor sich ihr runzliges Gesicht wieder in die üblichen Lachfalten legt.

»Gœhäjmnisvoll, wonnich?«, schmunzelt sie – oder er. »Dat isœnnœ Dröppelminna, da kannzœ Kaffee rɔus innœ Tassœ dröppœln. Nu setz dich getz ma wackɔ hin un lasset diɔ schmeckœn.«

Parsi hält nach Anleitung von Dänniss seine Tasse unter den wie einen Wasserhahn geformten Ausguss der Dröppelminna und dreht den kleinen Hebel. Duftender Kaffee strömt heraus. Parsi bedient sich mit Sahne und Zucker. Er merkt jetzt erst, was für einen Hunger er hat.

Es stört ihn nicht einmal, dass Collym neben ihm in einer Speichelpfütze sitzt und anscheinend erwartet, dass Parsi sein Essen mit ihm teilt. Parsi denkt überhaupt nicht daran.

»Da hättest du ein bisschen netter zu mir sein müssen«, zischt er der Kreatur zu, die daraufhin riesige traurige Augen macht.

Parsi häuft sich aromatische Waffeln auf den Teller und bestreicht sie mit Quark und Marmelade (eine Empfehlung von Dänniss). Er kann sich nicht vorstellen, dass das schmecken wird, aber es ist einfach köstlich.

Und als er sich an Süßem satt gegessen hat und denkt, es würde nichts mehr in ihn hineinpassen, lachen ihn Schwarzbrot, Butter und Schinken an, und er stellt fest, dass er davon auch noch jede Menge essen kann.

»So is richtich«, lobt Dänniss erfreut. »Immɔ ɔɔntlich reinhɔuœn, dann wirßœ gros un stachk vonnœt Bergischœ Essœn, woll.«

Parsi fragt sich, warum dann Dänniss so dünn ist, sagt aber nichts. Seine Gastgeberin ist so liebenswürdig, dass er sie – oder ihn? – nicht kränken will.

Er wundert sich, dass für zwei Personen gedeckt ist, sein Begleiter aber nur dasitzt und nicht zulangt. Er würde ja fragen, aber seine Mutter hat ihn als Kind immer ausgeschimpft, wenn er Leute fragte.

»Das ist unhöflich!«, hat sie zu ihm gesagt. »Wenn du immer so viel fragst, wirst du es im Leben nie zu etwas bringen.«

Parsi schluckt also die Frage mühsam hinunter. Dänniss scheint das bemerkt zu haben, denn sie zuckt zusammen und schaut Parsi auffordernd an. Doch als er weiterhin schweigt, tritt auf ihr Gesicht ein betrübter Ausdruck.

»Dat Gehäjmnis issœ Dröppelminna, vɔstehßœ«, sagt sie leise.

Parsi fragt sich, ob das viele Schwebebahnfahren bei den Wuppertalern vielleicht schädliche Auswirkungen auf die Gehirntätigkeit hat. Was redet Dänniss da für einen Unsinn!

Er sagt nichts, sondern befüllt seine Kaffeetasse noch einmal aus der Dröppelminna. Das macht Spaß: Man dreht den kleinen Hebel, und schon fließt der dampfend schwarze Muntermacher heraus. Das macht er gleich noch ein weiteres Mal, nicht, weil er unbedingt Kaffee möchte, sondern, weil das so lustig ist.

Dänniss schaut ihm derweil mit riesig weit aufgerissenen Augen zu. Bildet Parsi sich das nur ein, oder verfinstert sich die Miene seines Gegenübers immer mehr?

Und der verdammte Hund knurrt schon wieder.

Wuppertaler Mundart: Sprachliche Besonderheiten und freundlich oder weniger freundlich gemeinte Begriffe

Die Wuppertaler benutzen auch gern farbenfrohe dialektisch gefärbte Begriffe. »Du biss ma echt œn Blötschkopp«, kommt dem Begriff »Blödmann« wohl am nächsten, was aber nicht heißt, dass das unfreundlich gemeint wäre. Man ist halt etwas direkter in Wuppertal. Das muss das eventuell zartbesaitete Gegenüber einfach lernen. Wennzœ œn Blötschkopp biss, häjßat ja nich, dattu nich nett wäɔs', woll. Getz stell dich ma nich so an, woll. Dat komm' von Hächzœn. Negativer besetzt ist da schon der Begriff »Brunkopp«. *Brun* = braun steht für dreist, unverschämt. Ein Brunkopp ist also ein unverschämter Mensch.

Bei *Brunköppen* hört der Spaß für den Wuppertaler auf.

Historische Stadtansicht von Wuppertal

Ansicht der Wuppertaler Schwebebahn[30], Albrecht Dürer[31] (Kaltnadelradierung auf Kupfer, datiert 1512)

---

[30] Mit freundlicher Genehmigung des Wuppertaler Museums für Museumskunst und sonstiges altes Zeugs.

[31] Und zwar Albrecht Dürer, nicht Albrecht Dürer (der Ältere). Also der mit dem »A.D.«. Der mit den Händen. Also mit den betenden Händen. Der halt, Blötschkopp.

Pillekuchen

Für vier Personen (oder drei hungrige Esser)
brauchen wir:

- 120 Gramm Mehl
- 120 Gramm mageren Räucherspeck, fein
  gewürfelt
- 6 große Kartoffeln
- 4 Eier
- 200 Milliliter Milch
- 2 Zwiebeln, fein gewürfelt
- 1 Bund Petersilie, fein gehackt
- 1 Bund Schnittlauch, fein gehackt
- etwas Pflanzenfett

und zum Würzen
- 1 Teelöffel Salz
- Pfeffer
- Muskatnuss

Speck in der Pfanne auslassen, Zwiebeln
dazugeben und glasig andünsten. Kartoffeln
schälen, raspeln, zum Speck dazugeben und acht
Minuten andünsten. Würzen mit Salz, Pfeffer und
Muskatnuss. Ey hömma, Häjni, nicht mit der
ganzen Muskatnuss! Reib was davon ab!

Jetzt das Mehl, die Milch und die Eier zu einem
Pfannkuchenteig verrühren. Die gehackten
Kräuter dazugeben. Auch hier mit Salz, Pfeffer
und Muskatnuss würzen.

Die Kartoffelmasse aus der Pfanne nehmen. Ein
Viertel der Kartoffelmasse wieder in die Pfanne
hineintun. (Wem das jetzt zu umständlich war,

der kann auch vorher nur drei Viertel der Kartoffelmasse aus der Pfanne herausnehmen.) Nun ein Viertel des Pfannkuchenteigs über die Kartoffelmasse geben (natürlich über die in der Pfanne, Blötschkopp), verteilen und von beiden Seiten goldbraun anbraten. Warm stellen und mit den restlichen Vierteln genauso verfahren.

Servieren. Besonders interessant wird es, wenn sich die drei hungrigen Esser anschließend um den vierten Pillekuchen kloppen.

Mahlzeit!

Schwebebahngedicht (konstruktive Lürik)

Hängegleis....Hängegleis.....Hängegleis.....Hängegleis.....Hängegleis
....Schwebebahn>>>..
Pfeiler.Luft.Luft.Luft.Luft.Luft.Pfeiler.Luft.Luft.Luft.Luft.Luft.Pfeiler
Pfeiler.Luft.Luft.Luft.Luft.Luft.Pfeiler.Luft.Luft.Luft.Luft.Luft.Pfeiler
Pfeiler.Luft.Luft.Luft.Luft.Luft.Pfeiler.Luft.Luft.Luft.Luft.Luft.Pfeiler
Pfeiler.Luft.Luft.Luft.Luft.Luft.Pfeiler.Luft.Luft.Luft.Luft.Luft.Pfeiler
Pfeiler.Luft.Luft.Luft.Luft.Luft.Pfeiler.Luft.Luft.Luft.Luft.Luft.Pfeiler
Pfeiler.Luft.Luft.Luft.Luft.Luft.Pfeiler.Luft.Luft.Luft.Luft.Luft.Pfeiler
Pfeiler.Luft.Luft.Luft.Luft.Luft.Pfeiler.Luft.Luft.Luft.Luft.Luft.Pfeiler
Pfeiler.Luft.Luft.Luft.Luft.Luft.Pfeiler.Luft.Luft.Luft.Luft.Luft.Pfeiler
Pfeiler.Luft.Luft.Luft.Luft.Luft.Pfeiler.Luft.Luft.Luft.Luft.Luft.Pfeiler
Pfeiler.Luft.Luft.Luft.Luft.Luft.Pfeiler.Luft.Luft.Luft.Luft.Luft.Pfeiler
Pfeiler....Wupper....Wupper...Pfeiler...Wupper....Wupper....Pfeiler

Wasserstrecke

»Chchchuuuuuuuuchchchchuuuuuuuuuchchchchchcchch«

    »Nä, dat is nichœ Stellœ, wo de Ällöfant innœ Wuppɔ gesprung is.«

»Chchch«

Wuppertaler Stadtansicht:
Original und Fälschung

Suchen Sie die beiden Fehler. (Auflösung auf Seite 101.)

Wuppertaler Urgestein, belauscht in einem Wartezimmer

Man stelle sich vor: zwei Damen, die eine nach eigener Aussage 92, die andere nach Schätzung Anfang/Mitte 80. Beide typisch Wuppertalerisch gestylt mit der Original-Grauhelm-Dauerwelle, die vermutlich nur Wuppertaler Friseure so frisieren können, unter Zugabe von sechs Dosen Haarspray pro Frisur und zwei Ladungen Beton. *Drei-Wupper-Taff*: Wuppertal, Orkan, die Frisur hält.

Gesprächsverlauf 1,
Situation eiskalter Februartag,
Original Wuppertaler Smalltalk.

-»Et is kalt, woll?«

-»Oe-öööööh!« (typischer Wuppertaler Laut, gleicht dem Brunftröhren eines Hirsches, dient der Bestätigung)

-»Als ich heutœ morgœn aufœt Tämɔmetɔ gekuckt happ, da warœn et −8°!«

-»Ach.« Pause zum Nachdenken. »Bei Ihnœn innœ Wohnung?«

Gesprächsverlauf 2

-»Oh nä, ich happ meinœ Brillœ zuhausœ gœlassœn!«

-»Abɔ Sie ham doch einœ auf?«

-»Jaahaaa, abɔ dat is nit dœ richtigœ. Dœ richtigœ is die füɔ draußœn.«

-»Un wat is dat getz füɔ einœ?«

-»Dat is meinœ Hausbrillœ.«

Gesprächsverlauf 3

- »Ich geh hieɔ schon langœ innœ Pracksiss.«

- »Ja, ich auch, ich waɔ hieɔ schon, als dä Docktɔ Heimrich noch pracktiziɔtœ.«

- »Ach, den kennœn Se noch?«

- »Oe-öööh!« (s.o.)

- »Unnœ Docktɔ Sommœ.«

- »Wo is dä getz eigœntlich?«

- »Dat wissœn Se nit? Dä is doch tot!«

- »Tot is dä?«

- »Oe-öööh!«

- »Wat hat hä denn gehappt?«

- »Dä hattœ Schill-trüsenkräpps.«

- »Da kannzœ sehœn. Da is hä Docktɔ, un kann sich nimma ens selbɔ helfœn. Dä muss genauso stärbœn wie wiɔ auch.«

- »Ja, so issœt. Un Se müssœn sich vorstellœn, dä annɔrœ Docktɔ, dä Docktɔ Hengelmann, dä hiɔ no' pracktiziɔt, dessœn Vatɔ is au' Aazt. Da sinn soga zwei Ääztɔ innœ Familljœ.«

- »Unn die könn' sich au' nit selbɔ helfœn.«

Berühmte Schwebebahnpassagiere: Die Weiße Frau von Wuppertal 🐑🐑🐑🐑🐑

... erscheint als guter Geist stets in Zeiten großer Gefahr in den Nachtzügen der Schwebebahn, um Schaden von ihren Wuppertalern fernzuhalten. Sie erschien zum Beispiel 1950, um vor dem Transport nicht angeleinter Elefanten zu warnen. Oder 1987, vor der Abschaffung der Wuppertaler Straßenbahn. Außerdem sichtete man sie, als im Wuppertaler Zoo das neue Affenhaus errichtet wurde. Das mit dem Schild, auf dem zu lesen war: »Hier baut die Stadt Wuppertal ein Affenhaus für ihre Mitbürger.«

Sachbeschädigung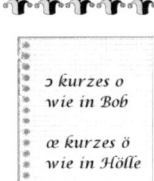

»Chchch«

»Chchch«

»Chchch«

ɔ *kurzes o*
wie in Bob

œ *kurzes ö*
wie in Hölle

   »Ej samma!«

»Chchchchuuuuuuuuuuuuuuuuuchchch«

   »Hömma, dat gibbetoch nich! Bissu bekloppt?«

»Chchchchuuuuuuuuuuuuuuuuuchchch«

   »Daddis egaal! Dat daafßœ nich, 'Dachß Wäddɔ was here' äjmfach innœ Sitzœ kratzœn, hömma! Wennat allœ machen tä'œn!«

»Chchch – och Menno!«

6. Der Gral von Wuppertal

Die Schwebebahn hat sich derweil in Bewegung gesetzt. Parsi ist angenehm überrascht von dem leichten, beinahe geräuschlosen Schweben. Zunächst geht die Fahrt über eine Straße, zwischen Häusern hindurch. Parsi findet es hoch interessant, dabei auf gleicher Höhe zu sein wie die Fenster der dritten Etagen. Manchmal meint er hinter den Gardinen eine Bewegung wahrzunehmen, aber er ist sich nicht sicher. Schließlich schwenkt die Bahn nach links, über einen Fluss ein.

»Die Wupper?«, fragt Parsi Dänniss und erntet ein Nicken.

Sie fahren durch viele Haltestellen hindurch. Parsi sieht Namen mit bedeutungsschwangerem Klang: Bruch, Hammerstein, Westende.

Die Schwebebahn hält nicht an einem einzigen Bahnhof, obwohl dort Leute stehen und mit fragenden Blicken zu Parsi hineinsehen.

»Ist dieser Zug nur für uns?«, erkundigt sich Parsi bei Dänniss, deren Miene sich tatsächlich immer mehr verfinstert.

»Dat issen Gehäjmnis«, antwortet sie düster. »Dat mussœ schon selbɔ rɔusfinn'n.«

Parsi isst noch eine Waffel mit Quark und denkt, Dänniss würde es sicher besser gehen, wenn sie auch etwas von diesem hervorragenden Mahl zu sich nähme. Ihm kommt der Gedanke, seiner Gastgeberin etwas anzubieten, doch dann tut er es doch nicht.

»Niemals den Leuten lästig werden!«, hat seine Mutter gemahnt. »Aufdringlichkeit ist keine Tugend!«

Wie blöd ist das denn, denkt er, ich kann doch nichts anbieten, wozu ich selber eingeladen worden bin!

»Wo halten wir denn an?«, erkundigt er sich stattdessen bei Dänniss.

Deren Gesicht scheint nur noch aus Kummerfalten zu bestehen, und sie seufzt, als sie sagt: »Dat mussuu enschäjn.«

Au weia, denkt Parsi, die hat wirklich einen an der Waffel. Waffel! Das ist gut. Ich glaube, ich könnte noch eine Waffel essen. Und dazu noch einen Kaffee aus der lustigen Kanne!

Schließlich ist Parsi so satt, dass auch die Abwechslung zwischen süßen und salzigen Speisen keinen Platz mehr im Magen verschafft.

Er trinkt eine letzte Tasse Kaffee und sagt leise rülpsend: »Mann, bin ich voll. Es geht nichts mehr rein.«

Dänniss sieht ihn an, mit einem sehr traurigen Blick. Dann macht sie eine wedelnde Handbewegung, und mit einem Mal ist alles verschwunden: das Kaffeegedeck, die Speisen, auch die Dröppelminna.

Das Innere des Schwebebahnwagens hat sich verändert: Parsi sitzt nicht mehr auf velourbezogenem Stoff, sondern auf harten Plastiksitzen. Die Sitzbänke stehen einander nicht gegenüber, sondern sind hintereinander aufgereiht.

Erst jetzt merkt Parsi: Die Bahn hat gewendet. Sie fahren die Strecke in der Gegenrichtung zurück.

Parsi sieht Dänniss erstaunt an.

»Was geht hier vor?«, will er wissen.

»Du hassœ Fragœ nichestellt«, antwortet sein Gegenüber traurig. »Nu issœ Gral wech. Du hassœet nicheschaff'.«

Parsi Wahl starrt Dänniss an.

»Was −«, stammelt er. »Was sagen Sie da? Der Gral? Welcher Gral?«

»De Dröppelminna, Blötschkopp«, antwortet Dänniss. »Wennzœ de richtigœ Fragœ gestell' hätts, wäɔ dœ Gral offœngegang'n. Abɔ dat hassu nich.«

Parsi wird schlagartig sein Versäumnis bewusst. Warum hat er seinem Gastgeber nur nicht von den Speisen angeboten! Warum hat er nicht gefragt, warum Dänniss nichts isst und so betrübt aussieht? Warum tut er nur immer das, was seine Mutter ihm sagt? Er wollte nie Versicherungsvertreter sein. Er wollte Schriftsteller werden. Aber weil er auf seine Mutter hört – immer noch – hat er bei allem versagt.

»Und was − «, murmelt er, »was hätte ich im Gral gefunden?«

»Œnœ Monatskachtœ füɔ dœ Schwebœbahn«, sagt Dänniss tief betrübt. »Im Kaijsɔwagœn.«

Parsis Herz setzt einen Schlag aus.

»Es tut mir leid«, ruft er entsetzt, »kann ich das nicht noch nachholen – ich meine −«

»Getz is zu spät«, antwortet Dänniss trocken, während die Schwebebahn in den Bahnhof einfährt, in dem Parsi eingestiegen ist. »Dat hättœßœ ma früɔ drübbɔ naachedacht.«

Die Schwebebahn hält. Die Türen öffnen sich mit einem eleganten Geräusch. Parsi bleibt sitzen, im verzweifelten Versuch, noch irgendetwas zu retten. Auf einmal spürt er etwas an seinem Bein. Collym ist gerade dabei, herzhaft hineinzubeißen.

Parsi stößt einen Schrei aus, springt auf und rennt – und die Kreatur wild hechelnd hinterher.

»Collym!«, hört er Dännis brüllen. »Du vɔdorrichtœt Mistviech, du wirßiɔ norrœnœ Krankhäjt holœn! Lass getzän Käɔl! Sitz, Collym! Aus getz! Platz! Fuß!«

Hinter Parsi und dem keuchenden Collym wird das Geschrei immer leiser.

Parsi nimmt die Stufen in riesigen Sprüngen, und er hört Collyms scharfe Krallen auf dem Asphalt kratzen.

Die Zugbrücke wird gerade wieder hochgezogen.

»Halt!«, schreit Parsi, »halt, halt, ich muss durch!«

Er rennt die sich hebende Brücke hinauf und macht einen gewaltigen Satz hinab ins taufeuchte Gras. Collym setzt ihm nach. Er holt auf. Parsi meint schon seinen heißen, übelriechenden Atem im Nacken zu spüren.

Er sucht den Fährmann und die Barke entlang der Wupper. Nichts in Sicht.

Verdammt nochmal! Dann muss er eben in diesen Fluss hinein, auf Gedeih und Verderb. Er hofft, dass dieses Viech wenigstens nicht schwimmen kann, aber bisher wurden seine Hoffnungen ja noch immer enttäuscht.

Als er den ersten Fuß in die Wupper setzt, wird ihm für einen Moment schwindelig. Die Umgebung verschwimmt vor seinen Augen.

Dann findet er sich inmitten dichten Nebels im Nieselregen auf einer Wiese wieder. Er stolpert und fällt gegen etwas Hartes: Er hat sein Auto gefunden.

Parsi sucht benommen in seinen Jackentaschen nach dem Autoschlüssel, während er verzweifelt überlegt, ob das, woran er sich erinnert, Wahrheit war oder ob er einen seltsamen Traum hatte.

Er späht in den Nebel, doch der ist für seine Augen undurchdringlich.

Als er endlich seine Schlüssel gefunden hat, ist er überzeugt, geträumt zu haben. Das macht zwar keinen Sinn, schließlich ist er im Stehen zu sich gekommen und hat nicht irgendwo gelegen, was naheliegend für die Traum-Hypothese wäre.

Aber der Gedanke daran, dass seine Erlebnisse Wirklichkeit gewesen sein könnten, ist zu bedrückend, weil er einen großen Fehler gemacht hat.

Er hört sich selber laut aufseufzen.

Wie als Antwort ertönt der Ruf einer Amsel.

Ein Wispern ganz in der Nähe wird laut.

»Dat tut mich getz abɔ echt läjd«, sagt eine Stimme, bei der Parsi an einen Igel denken muss.

»Dat mussɶt nich«, antwortet eine andere Stimme. »Hä issɶt selbɔ in schuld. So sinnsɶ, dɶ Blötschköppɶ.«

»Abɔ so gibtatoch nie äjn'n«, klagt die Igelstimme. »Getz wirttä Gral nie offen gemach'.«

»Dat württich getz ma so nich sagɶn«, sagt eine dritte, sehr tiefe Stimme, die von Hustenanfällen unterbrochen wird. »Dat wa säjm irst'n Vɔsuch. So schlech' hattɔt dafüɔ nichemacht. Man mussɶ Löjtɶ ɔuch ma ɶnɶ Schanksɶ geem. Hä wa noch nich vɔgäjsticht genuch. Hä muss nowat leɔn'n, inne Schule vonnɶt Lebɶn. Un hä hat dat, wat wiɔ brauchɶn, nämmich dɶ Seelɶ vonnɶm wahrɶn Po-e'ɶn. Dat annere Kroppzöjch, dat waan allɶt Brunköppɶ.«

»De Älliß sachtɶt richtich«, ertönt eine vierte, gewaltig-fettige Stimme. »Hä is vläjch ɶn bisskɶn propplemmatisch, abɔ hä hat sonnɶ Schwingungɶn. Dat is gut, hömma. Deɔ Suchendɶ komm' widdɔ, woll. Dafuɔ happich gesorcht.«

Parsi steigt fluchtartig in sein Auto, während er sich ununterbrochen »Es ist ein Traum, es ist ein Traum!« vorsagt.

Als er den Motor startet, ertönt aus dem Nebel vor ihm ein Chor von herzlichen Stimmen.

»Tschö, woll!«, hört er. »Bissie Tagɶ! Marrɶt ma gut, hömma!«

Nur ein Traum, denkt Parsi mantramäßig, und fährt los. Er passiert das Ortausgangsschild »Wuppertal«, und auf einmal ist er traurig, er weiß selber nicht warum.

Als sich die Nebel vor ihm lichten und er die Auffahrt zur Autobahn gefunden hat, atmet er tief durch.

Was für ein Tag! Wenn er denn wirklich passiert sein sollte. Aber er hat etwas in ihm freigesetzt. Er will nicht länger wie ein Versicherungsvertreter denken. Er will anfangen, Geschichten zu spinnen wie ein richtiger Schriftsteller. Seine Mutter hat ihm lang genug gesagt, wo's langgeht. Dass sie unrecht hat, musste er soeben schmerzlich erkennen.

Er beschleunigt wütend und schaltet einen Gang höher. Dabei klappert etwas in seiner Sakkotasche.

Parsi weiß, was da klappert. Er kann mit dem Mantra aufhören. Dies ist der Beweis, den er wollte. Es sind zwei Klarsichtschachteln mit einem 1€-Schild und dem Spruch »Wuppertal grüßt aus dem Bergischen Land« darauf. In einer sind Reißzwecken. In der anderen bunte, ein bisschen vergilbte Gummibändchen. Nun wird er schreiben können, weil er weiß, dass er nicht geträumt hat.

Wenn er doch nur nicht so blöd gewesen wäre, Dänniss die entscheidende Frage vorzuenthalten! Wenn er doch seinen Mund aufgemacht hätte! Seine Mutter mit ihren ständigen Anweisungen, nicht aufdringlich zu sein – alles gut und schön. Oder besser: alles schlecht und mies. Er könnte jetzt stolzer Besitzer eines Monatstickets für die Schwebebahn sein! Er könnte sich in Wuppertal niederlassen und zwischen all den seltsamen, aber herzlichen Lebewesen ein glückliches Dasein führen (er würde Dänniss für Collym einfach den Gebrauch einer Leine empfehlen)!

Was ist er nur für ein Blötschkopp gewesen –

Parsi hält inne. Was hat er da gerade gedacht? Blötschkopp? Ja. Blötschkopp. Man kann es nicht anders formulieren. Die Wuppertaler haben die genaue Bezeichnung dafür gefunden.

Und nun ist er raus. Raus aus dem Tal hinter den Nebelschleiern. Er ist sich sicher, er wird es niemals wiederfinden.

Vor Zorn gibt er Vollgas, setzt den Blinker und will sich gerade vor eine überholende Luxuslimousine quetschen –

Auf dem Rücksitz knurrt etwas. Parsi verreißt das Lenkrad, kommt ins Schleudern. Um ihn herum wildes Gehupe. Es gelingt Parsi im letzten Moment, auf den Standstreifen zu lenken. Mit quietschenden Reifen kommt der Kleinwagen zum Stehen. Wütende Gesichter blicken ihn aus den vorbeifahrenden Autos an, Fäuste werden drohend in seine Richtung geschwenkt.

Das ist Parsi egal. Wahrscheinlich hat er noch genau zwei Sekunden zu leben.

Sein Herz hämmert, als er sich vorsichtig umdreht.

Collym sitzt hinter ihm. Sabber läuft ihm aus dem Maul, und er bleckt die Zähne. Aber er macht keine Miene, Parsi aufzufressen. Sie starren sich gegenseitig an, und nach einer Weile hat Parsi den Eindruck, als warte Collym auf etwas.

Er mustert die Kreatur genauer.

Collym hat eine Klarsichthülle um den Hals gebunden. Die war vorher noch nicht da. Parsi beugt sich vorsichtig vor, um zu sehen, was darin steckt: ein Kurzstreckenticket für die Schwebebahn.

Daneben steckt ein Zettel. Darauf steht in ungelenker Schrift:

Du muss nur anne Schwebebahn glauben, dann fährt se auch.

Parsis Atem beruhigt sich allmählich. Collym verzieht das Gesicht, als sei ihm furchtbar übel. Es dauert eine Weile, bis Parsi erkennt, dass er lächelt.

Parsi nimmt allen Mut zusammen und streckt die Hand nach der Kreatur aus. Eine sehr nasse Zunge leckt ihm den Handrücken.

Parsi seufzt tief auf vor Erleichterung. Dann beginnt er zu grinsen. Er hat also eine Rückfahrkarte ins Tal der Wupper.

Die Dinge sind im Fluss, sozusagen. Er gibt Gas und fährt wieder auf die Autobahn.

Alles, was er jetzt braucht, ist eine gute Hundeschule.

Die Parzival-Legende

Die sechsteilige Geschichte *Der Gral von Wuppertal* basiert auf der Parzival-Legende nach dem Versepos von Wolfram von Eschenbach. Hier eine nicht ganz ernstzunehmende Zusammenfassung.

Parzival ist ein Königssohn, der nichts über seine Abstammung weiß. Seine Mutter, von Parzivals Vater vor dessen Geburt verlassen, hat sich mit ihrem Sohn in die Wälder zurückgezogen und zieht ihn dort allein groß.
Wie alleinerziehende Mütter so sind, und noch dazu solche, die von einem König verlassen wurden, hält sie nichts von Königen, Rittertum und dem Leben am Hof.
Deshalb will sie auch um jeden Preis verhindern, dass Parzival dafür Interesse entwickelt. Sie erzählt ihm, dass es nichts außerhalb des Waldes gebe. Und sie erzieht ihn bewusst zu einem Landei.

Doch natürlich kommt es, wie es kommen muss. Parzival trifft zufällig auf eine Gruppe von Rittern – und – will unbedingt selbst Ritter werden. Das ist jetzt nicht wirklich überraschend, aber Mutter ist nicht begeistert.
Um zu retten, was zu retten ist, erzählt sie ihrem Sohn wilde Geschichten über das Rittertum und das Leben am Hof und kostümiert ihn als Narren. Entweder hat sie von Mobbing noch nichts gehört oder sie versucht eine interessante Therapie damit auf der Basis, dass man ihren Sohn verspottet und auslacht. Logisch: dann wird er ja wohl zu ihr zurückkehren!

In der Tat führt Parzival sich in der Folge auf wie ein kompletter Idiot, aber irgendwas muss er wohl doch richtig gemacht haben, denn er erreicht, dass ihn ein Ritter in Kampf und höfischen Lehren unterweist. Leider ist der Typ auch nicht sonderlich hilfreich, wie sich später zeigen wird, denn er gibt ihm das Verbot mit auf den Weg, unnötige Fragen zu stellen. Das stellt er als ritterliche Tugend dar.
Parzival mit seinem gesunden Halbwissen ist also munter unterwegs.

Jetzt wird's spannend. Parzival gelangt zu einer geheimnisvollen Burg. Dort geschehen mysteriöse Dinge. Die Ritter auf der Burg benehmen sich mehr als befremdlich. Die Mägde, die den Tisch decken, legen das Besteck und die Teller mit geheimnisvollen Sprüchen und Ritualen auf. Der Höhepunkt ist eine Art Tischlein-Deck-Dich, das das Abendessen hervorzaubert.

Der Burgherr mit Namen Anfortas scheint schwer krank zu sein. Eigentlich möchte Parzival ja gern wissen, was er hat, aber sein Ritterlehrmeister hat ihm schließlich beigebracht, dass man keine unnötigen Fragen stellen soll.

Anfortas versucht Parzival unbedingt zum Fragen zu bewegen und schenkt ihm auch noch sein kostbares Schwert, aber nicht einmal das löst Parzivals Zunge. Parzival ist ein gehorsamer Sohn und Schüler, der unbedingt alles richtig machen will und damit alles falsch macht.

Am nächsten Morgen sind alle weg, die Burg ist leer, Parzival sucht vergebens nach Spuren. Stattdessen erfährt er den Namen der Burg – es handelt sich um die Gralsburg. Das Tischlein-Deck-Dich war der heilige Gral. Parzival möchte sich selbst am liebsten in den Hintern beißen: Wenn er Anfortas nach dem Grund seiner Krankheit gefragt hätte, wäre er selbst jetzt ein mächtiger König und Herr über die Gralsburg. Doch er hat nicht gefragt und den König und die Burggesellschaft nicht erlöst. Pech gehabt.

Parzival zieht weiter, wobei er sich mächtig Vorwürfe macht und nun versucht, weniger Fehler zu begehen. Er wird ein richtiger Ritter und Mitglied von Artus' Tafelrunde. Eines Tages taucht die hässliche Gralsbotin Cundrie la Surziere auf, eine abstoßend hässliche Frau mit Eberzähnen, einer Hundenase, langem, struppigem schwarzem Haar und Ohren wie ein Bär, der man nachsagt, eine Hexe zu sein. Cundrie dient den Gralsrittern und dem Gralskönig. Ihr Erscheinungsbild ist geprägt von Gegensätzen: Trotz ihrer Hässlichkeit ist sie nach der neuesten französischen Mode gekleidet, sie hat ein boshaftes Mundwerk, verfügt aber gleichzeitig über eine hohe Bildung. Sie sieht nicht nur merkwürdig aus, sie benimmt sich auch unschön, indem sie Parzival verflucht.

Parzival hat anscheinend keine besondere Neigung, sich von einer solchen Frau das Leben vermiesen zu lassen. Er gibt nicht auf. Jetzt erst recht nicht, mit dem Fluch dieser komischen Kreatur am Bein. Jahrelang zieht er durch das Land, auf der Suche nach dem Gral. Und schließlich gelingt es ihm tatsächlich, auf die Gralsburg zurückzukehren. Na, jetzt aber! Parzival ist klug geworden, und die Chance lässt er sich nicht noch einmal entgehen. Er stellt Anfortas endlich die erlösende Frage und wird Herr der Gralsburg.

Bergische Waffeln

Man nehme:

- Ein Pfund Mehl (für die jüngeren Leser: 500 Gramm)
- 250 Gramm Butter (einfach ein Päckchen Butter)
- Vier Eier
- Drei Esslöffel Zucker
- Ein Päckchen Vanillezucker
- Zwei Esslöffel Honig
- Eine kleine Prise Salz
- Eine Prise Zimt, je nach Geschmack
- Einen Teelöffel Backpulver
- noch etwas Butter zum Ausbacken
- Puderzucker zum Bestäuben
- eine wahnwitzige Menge Schlagsahne
- heiße Kirschen

Butter, Zucker, Vanillezucker, Salz und Honig gut verrühren, Zimt nach Geschmack zufügen. Nun das Backpulver mit dem Mehl vermischen und nach und nach unterrühren. Wenn der Teig zu dickflüssig wird, etwas Wasser zugeben.

Nun brauchen wir ein Waffeleisen. Wer bis hier gekommen ist und noch kein Waffeleisen hat, sollte jetzt aber mal so was von die Hufe schwingen, sonst wird das nichts mit den Bergischen Waffeln. Das Waffeleisen mit etwas Butter fetten (innen, nicht außen, Dollmann!) und anschalten.

Traditionell wird bei der ersten Waffel viel zuviel Teig ins Waffeleisen gegeben, der dann unter lautem Zischen aus dem Waffeleisen herausquillt und die Tischdecke versaut. Für die zweite Waffel legt man dann was unter und nimmt vorsichtshalber nur so wenig Teig, dass der Teig bei weitem nicht bis an den Rand kommt. Ab der dritten Waffel stimmt die Teigmenge dann so ungefähr.

Die heißen Waffeln werden mit Puderzucker bestäubt. Darauf kommt dann eine irre Menge Schlagsahne und oben drauf die heißen Kirschen.

Heiße Kirschen? Heiße Kirschen erntet man am besten an einem glühendheißen Augusttag und passt auf, dass sie zwischenzeitlich nicht kalt werden. Ersatzweise tut es auch ein olles Glas Sauerkirschen, das wir mit vier Esslöffeln Zucker und einem Päckchen Vanillepuddingpulver im eigenen Saft aufkochen (der Saft der Kirschen, nicht der vom Vanillepuddingpulver, Blötschkopp!)

Dazu schmeckt am besten …

… eine Bergische Kaffeetafel …

Auflösung zu Original und Fälschung

Quellennachweis, Fotonachweis und Bildrechte

Bücher von Anke Höhl-Kayser

Ronar   **Ronar –**   **Ronar –**
                   Zwei Welten   **Drei Ähren**

Die Ronar-Trilogie:

Ronar wächst als Findeljunge in der Familie des Dorfschmieds auf. Er ist anders als andere Kinder, wird ausgegrenzt und verspottet. Als seine Ziehschwester Irith von geheimnisvollen Reitern entführt wird, macht sich Ronar auf die Suche, entdeckt seine magischen Wurzeln und findet echte Freunde in einer zauberhaften Welt voller Abenteuer...

Leserstimme: »*Ronar* beeindruckt mit einer vielschichtigen, bedeutungsvollen und klug gestrickten Geschichte fernab vom Mainstream.« (leselurch.de)

Stille wird hörbar wie ein Flüstern:

Das Leben kann sich grau, eintönig - aber auch bunt zeigen. Jeder Tag und jede Lebensphase steckt voller Bilder, die uns in Erinnerung bleiben. Gedanken voller Poesie runden das Leben zu einem Spielball der Emotionen ab. Anke Höhl-Kayser gibt diesen vielfältigen Gedanken zum Leben in diesem Gedichtband lyrischen Raum. Eingebettet in stimmungsvolle Bilder von Noëlle-Magali Wörheide verarbeitet sie in poetischer Form Themen wie Glück, Freiheit, Natur und Liebe.

Leserstimme: »Umrahmt von mehr als zwanzig zauberhaften Zeichnungen wird aus Bild und Text eine lesenswerte Komposition zum Verweilen und Entspannen.« (dein-lieblingsbuch.de)

Bücher von Annette Hillringhaus

Leserstimme:

»Ein Bund Dill frisch, bitte, und ein Abenteuer dazu
Was hat ein Bund frischer Dill mit einem Kaktusraub,
einer Verbrecherjagd, 3 heimlichen Haustieren
(Marienkäfer), die eventuell rülpsen können, einer
Handvoll Kindern und ganz viel Erzählspaß zu tun?
Ein wunderschönes Buch ergibt die Schnittmenge. Ein
Kinderbuch, das nicht nur Kinder erfreuen wird.«

Minna, grüne Minna – Die Himbeersaftgang, Pax et Bonum Verlag
Berlin, ISBN 978-3-9436-5018-1 http://www.pax-et-bonum.net

Was denkt sich eigentlich ein kleines rotes Osterei so alles?
Eine ganze Menge – man würde es nicht für möglich
halten!
Originelle Fotogeschichte mit kurzem Text und
Kultcharakter. Hauptfigur ist das kleine rote Osterei,
das ganz schön was erlebt ...
Ein Geschenkbuch zu jedem beliebigen Anlass, also
Geburtstag, Weihnachten, Einzug, Verdauungsstörung,
Dienstjubiläum etc. und wenn es sein muss, dann eben
auch zu Ostern. Amüsant, skurril, gestreift und witzig.

Das kleine rote Osterei und die Weltreise
ISBN 978-3-8423-5093-9

Es geht weiter!

Der Folgeband zum skurrilen Geschenkbuch »Das
kleine rote Osterei und die Weltreise« ist da!
Was machen eigentlich zwei kleine rote Ostereier so
den lieben langen Tag? Oh, sie sind sehr beschäftigt
und haben alle Hände voll zu tun. Ein ganzer Tag
reicht dafür überhaupt nicht aus!
Eine vergnügliche Fotogeschichte mit unerwarteten
Wendungen. Das Geschenkbuch für Groß und Klein
zu jedem Anlass ...

Zwei kleine rote Ostereier haben viel zu tun
ISBN 978-3-8448-1755-3

Bücher von Torsten Buchheit

**Alles betonieren,
grün anstreichen:
Heiteres Gartenlexikon**

ISBN 978-3-8370-1550-8

**Spachteln, Abschleifen,
Schwamm drüber:
Heiteres Heimwerkerlexikon**

ISBN 978-3-8391-5226-3

**Kochen, Kinder, Katastrophen:
Heiteres Haushaltslexikon**

ISBN 978-3-8423-7764-6

**Alle Jahre wieder Schöne Bescherung:
Heiteres kleines Weihnachtslexikon**

ISBN 978-3-8448-0147-7

**Vollgas, Vollidiot, Vollkasko:
Heiteres kleines Lexikon
vom Autofahren**
(als Wendebuch)

ISBN 978-3-8482-0483-0